圖像溝通
心視界

汪士瑋……

著

目錄

溝通魔法棒

趙文滔

　　每次與士瑋見面，她總是眉飛色舞地與我分享她的經歷，讓我深深感染她對生命的熱情。我們倆總是人在餐廳卻食不知味、口沫橫飛，而時間總是莫名過得飛快。

　　近年來牌卡愈來愈受到歡迎，許多心理師也喜歡在諮商工作中運用圖卡，協助案主打開心房，認識自己，尤其是自己也還不熟悉的自己。面對兒童青少年，圖卡更是有力的工具，往往能大幅縮短在諮商室裡兩人乾瞪眼、比賽忍受沉默的時間，讓諮商室多了不少樂趣。

　　不過許多人對圖卡的觀念，恐怕還停留在桌遊或算命的

功能。士瑋這本書，可以幫助我們搞清楚圖卡背後的概念與邏輯，讓我們在使用圖卡時，可以多一份清晰和篤定。

書裡舉了許多生動的例子，說明如何使用圖卡協助學生。學生自然而然被圖卡吸引，神奇地開始分享不為人知的心事，重新找到鼓舞自己的力量，讓人感動。害我也忍不住想要找幾套圖卡來，在我身邊的人、我的案主身上試一試，體驗一下圖像式溝通的魔力。

能直指內心深處的溝通，是每個人都嚮往的一種交流。比起語言，圖像往往承載更多訊息、提供更大空間、允許更多元觀點，而且更自然、更容易讓人親近。如果可以學會善用圖像與人溝通，真可說是如虎添翼，像是手上有了魔法棒一般。

透過這本書，士瑋和我們分享了她的神奇魔法棒。讀著這本書，我感覺像是再一次聽她興奮地分享她的發現，一個個觸人心弦的故事。讀完這本書，或許你也會一不小心喜歡上我認識的那個熱情的士瑋。

7

（本文作者為諮商心理師、伴侶／家庭治療師、國立臺北教育大學心理與諮商學系副教授、華人伴侶與家族治療協會理事長）

圖像是心靈的獨特語言

趙慈慧

　　我在士瑋是實習心理師階段就認識她，擔任她的實習督導，知道她在運用圖像工作的園地默默辛勤耕耘很多年，也努力進修像是榮格等相關專業課程。

　　由於心理諮商界對於運用圖像工作尚處於質疑階段，一講到圖像牌卡大多聯想到塔羅占卜，占卜型牌卡對於徬徨無助的案主，像是抓住大海浮木，有定心丸的效果，但也同時限縮其探索生命的可能性和自主性，透過士瑋引薦國內外許多設計精美的牌卡，我逐漸了解牌卡其實有許多不同類型，包括：訊息卡、投射卡、澄清卡、互動卡等等，教學相長下，

這幾年我也開始運用圖像牌卡在個別諮商和團體諮商工作。

我個人認為，心理師在運用圖像牌卡上扮演關鍵角色，心理師引導案主透過圖像的媒介接觸和覺察自己的內在狀態，不需要去做指導建議和詮釋解析，將主體發言權回歸給案主或團體成員，耐心等待案主為自己發聲，我們將會發現圖像是案主心靈的豐富風景，圖像也是心靈的獨特語言！士瑋在本書介紹的運用原則八字口訣：**放鬆、暫停、演練、體會**，是對於助人專業工作者運用圖像牌卡的最佳提醒！

圖像工作不僅限於牌卡本身，還可以在諮商現場視案主當下狀況，將牌卡的圖像延伸和重塑，包括和繪畫、多媒材創作、夢境場景布置、角色扮演、溝通姿態雕塑等，這些具創意、多元的諮商型態等待著我們去研究發展，讓心理師可以更貼近案主真實的生命樣貌。

士瑋針對校園輔導工作中青少年特性需求，一口氣研發出三套牌卡：鼓舞卡、天賦卡、互動卡，每套牌卡都附上詳盡的理論依據和使用說明原則，每張構圖、配色細緻的漂亮卡片，都可以看到士瑋的認真用心和無限創意，相信這三組牌卡對於想要了解和協助青少年的教師、輔導老師、社工師、心理師等助人專業工作者及家長，都會是一個既有幫助又有趣的好玩工具！

（本文作者為心理博士、旭立諮商中心諮商督導／心理師）

圖卡的奧祕我知道

賴佩霞

　　小時候我們喜歡看圖書，一定有其深奧的道理與價值。

　　在小女兒學會識字之前，最喜歡做的就是拿著各式各樣的圖書、雜誌，講故事給我聽。由於我的兩個女兒個性不同，思考事情的方向也不一樣，但相同的是，她們都喜歡透過看圖說故事，在沒有壓力的情形下，將自己的情感鉅細靡遺地表達出來。

　　這一天傍晚，吃過晚餐、洗完澡，妹妹跟我躺在她的小床上，我翻閱著我的雜誌，她刻意找來一本故事書，鑽進棉被，倚在我身邊，用她小小食指指著書裡小鹿斑比跟另一隻

小鹿在森林玩耍的圖片，三歲的她開口說了：「這是妹妹，她好喜歡跟姊姊出去玩，但是姊姊不喜歡她，她會躲在這棵樹後面偷偷地哭。」翻到後面幾頁，找到了那棵樹，指著一棵樹她繼續說：「媽咪，妳看就在這裡，還有眼淚在這裡，妳看！」指著地上的水光，「妹妹好難過就跟姊姊說，『姊姊，求求妳，拜託妳跟我玩好不好？我好喜歡妳，妳不要只跟別人玩，不理我，』小鹿妹妹說：『我好傷心，姊姊，不要把我關在房間外面，我也要跟妳的同學玩。』」說著說著，她的眼睛紅了起來。

這時我大概知道她心裡的投射，相信讀者也能想像得到這時到底發生了什麼。當下我放下手中的雜誌，把她抱在懷裡，問她更多關於小鹿妹妹心裡的感受。她趴在我胸前，拿著手上的書，接下來的二十幾分鐘，跟我訴說著小鹿妹妹的委屈。當告一段落，我問她：「小鹿妹妹有沒有跟姊姊說她好難過？」她說：「沒有。」「為什麼呢？」「不知道！」她回答。

這時，姊姊走進房間看到我們兩個人慵懶地躺在床上，妹妹的紅鼻子引起姊姊的好奇，就問了：「妹妹幹嘛了？」我說：「妹妹在讀小鹿斑比妹妹的故事給我聽。」「蛤？」姊姊知道她並不識字。我說：「妹妹，妳要不要讀給姊姊聽？」妹妹說：「媽咪讀，媽咪讀給姊姊聽。」我答應她，接下來我就把妹妹說的故事重複說了一遍，當然，我也很有

創意地加油添醋一番。

　　說到某些關鍵字，我會刻意看姊姊一眼，姊姊當然知道我意有所指。妹妹羞澀地把臉蒙在棉被裡。當然，我們都沒說穿，我記得我還問了姊姊：「妳覺不覺得小鹿妹妹很愛姊姊？如果姊姊知道妹妹傷心，妳覺得斑比會跟妹妹說什麼呢？」七歲的姊姊說：「斑比一定會跟妹妹說對不起，說以後一定陪她玩。」說著說著，妹妹看似欣慰地笑了起來。那一晚我們都睡得好甜。

　　當然，在現實生活中姊姊依然故我，當朋友到家裡來的時候，她們還是會把妹妹置於門外，但是經過那一次的表達，對於姊姊的舉動，妹妹就不再那麼在意了。我相信最重要的是她找到了宣洩的管道、訴說的對象。

　　東方人比起西方人的確含蓄了些，也比較不善於情感上的直接表達，但是這並不表示我們就沒有創意。透過圖片，透過說故事，我們仍能保有自尊，不需要將自己的脆弱完全披露，同時又能得到與人分享內心世界的重要慰藉。

　　其實，這樣的情感紓解，成人世界每天也都在發生，只是透過的是新聞與八卦。也許，我們也可以學著用這套方法來檢視自己，檢視自己的起心動念，檢視自己的投射與壓抑。在我的床頭櫃裡有一套跟了我二十多年的圖卡，每當我心裡有疑慮或糾葛的時候就會把它拿出來，抽一張，看看心裡到底隱藏著什麼樣不解的問題。通常問題問對了，答案就

出來了。

　　就從這本書、這三套圖卡，開始跟自己交心；它也許就是你最有智慧、最不具批判的最要好朋友。

（本文作者為《魅麗》雜誌發行人、身心靈老師、作家）

如果學習沒那麼簡單，讓圖像幫助你

謝文憲

學生很少與我同車，更別說是我開車，士瑋是少數之一。

秋天的早晨，士瑋因為一次課程的決賽拿下好成績，受邀上我的廣播節目，錄音的短短時間我們聊到張雨生、汪爸爸，還有屬於她年少輕狂的熱血夢想。我欣賞她的地方是她勇敢追夢的精神，還有那甜美充滿氣質的嗓音，外加親切常微笑的臉龐。

中午簡短吃完中飯，我開車載她到台北，準備參加一場電影包場活動，這是我跟她最近距離的一次暢談。她是一個

很溫暖的人，擅長觀察，願意聆聽，我想任何人都會跟她變成好朋友，與她聊天，無論你的年紀，都可以在很快的時間內，進入一種舒服的氣氛中，而我完全沒有料到，從新竹開車到台北，好快，一下子就到了，絲毫沒感覺時間的流逝。

　　她在路上首次跟我提到新書付梓的事，距離現在已是半年前，她的專業態度總是如此嚴謹，追求完美並值得信任。

　　晚上她幫我處理電影包場的報到事宜，大家或許以為我跟她只是剛認識，其實不然，在這次同車再往前推半年，她剛參加過一次我們所主辦的講師培訓。

　　舒服、溫暖、單純、值得信任，是我對她的整體感受，其實跟我看她這本書的感覺非常接近。她是資訊傳播與教育心理諮商雙碩士，兩岸知名的執業心理師，專業底蘊極強，很擅長用簡單的方式，輕易讓人理解複雜的想法。例如她會使用具體化的圖像，協助大家探討自己的特質和運用方式、促進團隊溝通和合作。

　　本書採用大家從孩提時代就熟悉的「看圖說故事」方法，學習她所要傳達的概念，很真實也很有效，在使用時可以輕鬆讓孩子們更認識自己，達到親子互動很好的溝通效果。我想是因為圖像是一種立體的思維感受，是與生俱來、非常直覺的溝通方式，不但成人在生活中已經接觸且接收、使用了大量的圖像訊息，孩子們也非常熟悉、將圖像當成主要獲取資訊的方式。

這本書分為基礎篇、實務篇與應用篇三部分，包含圖像心理理論、圖像工具介紹與應用，而與本書搭配的三套圖卡（鼓舞卡、天賦卡、互動卡），可以幫助我們有一個快速、直接的工具可以操作，在親子互動的過程中，了解他們各種面向的特質強弱、溝通上的換位思考；也可以一起具體地討論在學習狀態、人際相處上所面臨的瓶頸，以及可以調整的方式，十分容易上手。

　　當大人運用孩子的強項能力，說他們的溝通語言，他們內在豐富的世界就逐漸展現在我們面前，我誠摯推薦本書給愛孩子的您。

（本文作者為知名企管講師、專欄作家、廣播主持人）

這，前半生的追尋

　　開始發現自己的天賦，是在各種訓練與案主的回饋當中，逐步累積起來的。當對方回饋給我，在晤談當中彼此展現的面貌，每個片刻都充滿驚喜。

　　這段歷程中，我嘗試在有督導的狀況下使用圖像，也嘗試分析自己在口語諮商與運用圖像諮商時，諮商情境中的自己（心理師）、他人（個案）與情境的差異。我看到人的各種可能性，也很享受彼此在當下同行的時光。

＊＊＊

　　我的第一副圖卡來自加拿大一個美麗的小島，那年我和一群好朋友到加拿大溫哥華旁的海文（Havan）學院上課。

有一天，晚上的團體活動時間結束，朋友拿出這套卡來獻寶，先要我們每個人想一個問題，再讓我們每個人各抽一張小卡片，並且由我們自己去描述。

大家充滿期待地趕快抽卡，圍成一圈仔細地聽彼此的觀察與聯想。聽到一個個平常不太看圖畫的人，對抽到的卡片上各種不同畫面的描述，已讓我們笑聲連連，大家也做了一些投射的回饋與討論，引發了我的好奇。隔天一早，當書店開門，我立刻衝去買了這套英文版卡片。

從加拿大回來只是一個開始。我將圖像拆解成色彩、構圖、象徵、神話、星象、數字、文字、古文明、潛意識等元素，運用幾乎所有的休假日，在國內外追隨巴西、英國、德國、澳洲、日本、印度、瑞士、美國……等各國老師上課。有時想想，自己這樣不計成本地投入這些吸引到「我」的課程，必定有個共通性可以統合。這個共通的主題就是：向內追尋的旅程。

向內追尋的過程當中，我也看到語言的局限。語言往往形成誤解，當我們說出話來，還需要考慮到對方的感受、背景、思維、理解，也會受到溝通時情境的影響。在這些考量下，語言常常離開了最根本想傳達的意思，或者形成誤解，或者成為溝通的阻礙。而圖像就不然，它能溝通與傳遞的，比起語言實在豐富得太多太多。

在多年的教學經驗裡，透過與學生的互動，看到學生的

體會與深化，總是讓我感動萬分；在個案晤談中，案主對於圖像的接受、理解，並找到內在詮釋的力量，也讓我驚豔不已。我愈來愈肯定：圖像，正是整合這些工具的方式之一。它提供一個內在的 Insight，在當下為內在世界打開無窮盡的可能性。

如今，我買的第一套圖卡已經泛黃，但卻仍記得抽到第一張圖卡時，那直接到無可閃避的圖案，以及內在突然被打到的激動心情，我珍藏至今。

＊＊＊

薩提爾（Satir）也是我對於圖像啟蒙的一部分。那年在 PD 小島上，Maria 為我做家庭重塑，她溫柔地說：「我現在腦中有幅圖像，妳是不是願意看一看？」在彼此同意的狀況下，會談中的雙方有機會看到彼此溝通的姿態，並依據對於圖像的感覺繼續延伸、詮釋、轉化、承諾，並帶來蛻變的可能。當時在我的家庭重塑中所見到的那幅情景，至今依然深刻在我的腦海，迴盪不已。

多年學習薩提爾的過程中，我也非常欣賞薩提爾以各種具象的方式，幫助每個人找到自己生命的資源，連結內在的生命力。我可以說，薩提爾對人的尊重、相信人改變的潛能……等核心信念，都成為我信仰的一部分，並融會在我的個案諮商與團體歷程中。

案主所抽的每一張圖卡，也成為一把金鑰，讓我能陪同他們輕敲內在的冰山，找到內在的風景。不論是給予欣賞、感謝或是接納、轉化，都為會談的歷程帶來更多豐富的觀點與深度。

＊ ＊ ＊

這本書，獻給我的爸爸、媽媽，也獻給身邊持續為教育奮鬥的夥伴。感謝爸爸、媽媽，啟蒙了我對未知的好奇與追尋，媽媽的開朗和衝勁，帶給我看待世界好奇的眼睛；爸爸、阿姨家人們的關心和鼓勵，讓我盡情探索、飛翔。感謝前輩們不斷激發我新的觀點，鼓勵我持續研究與創新，讓我在巨人的肩膀上可以繼續前進。柯志恩老師對 N 世代與學習方式的研究，啟發我對新一代學生特質不同的視野。趙文滔老師、趙慈慧老師、楊明磊老師言教身教，不但鼓勵我的嘗試，也在過程中給予我許多的指導。上海師範大學的樊琪老師，兩度邀請我到校擔任講座，與研究生交流，也讓我看到這套技術的普同性與推廣價值。

在我任教期間，惠娟主任不但看到圖像對學生產生的意義，也鼓勵我持續發展圖像的工作。在這漫長的實踐過程中，更是花了無數時間，陪我一次次地檢視、討論每個畫面的意涵，產生的投射與意義，是這套圖像工具發展過程的重要夥伴。

這本書、這三套卡片，就是這些年探索的小小成果。當初只是希望分享心得，希望能幫到教育現場的小小初衷，卻沒想到是這麼大的工程。

　　在不同時期卡關的時候，乾爹、浩威醫師、Tammy、Peter、曉慈、青芳、成蒂、美萱、小明、翊君、修正、琴梅、憲哥、祺翔（大鼻）、榮利學長、謙達那、智偉、新視野讀書會的夥伴們，都在過程中提供許多支持與協助。MJ老師在百忙中多次對圖卡內容與名稱提供寶貴建議。光是鼓舞卡的英文，就勞煩琴梅、惠娟、Priya、文淑分別做了四次校正。謝謝 EVA 與慶貞，在視覺上提供許多專業的意見，讓整套卡片的質感更加提升。對於大家的付出，我誠摯地致上感謝。

　　謝謝過程中邀請課程、參與團體，並給予回饋意見的學校、輔導教師、特教教師、家長，參與課程及個別會談的孩子，你們是我的繆思，和你們討論與互動的過程，是我人生裡非常滋養的美好經驗，希望對你們也是。出版社的壽成、美貞在這系列書與圖卡交織的龐大工作量下展現巨大的細心與耐心，讓本書更臻善美。這不是我個人的成果，而是一套集結眾人智慧的結晶！

　　在這套書綿長製作的尾聲，好朋友 Lisa 問我，在過程中，有沒有什麼地方，是我想嘗試而沒嘗試過的；是我想修改，而沒修改的？我想了五秒鐘，很肯定地告訴她，沒有。

我知道這不會是一套完美的作品，但是當我攤開所有的文字與圖像，我確實在當下已竭盡所能，盡了一切的嘗試與努力。如果內容裡對於理論與案例的操作有任何需要再精緻之處，那也確實是我目前能力所限，與諸位參與的師長無關。如有錯漏之處，還請各位先進不吝來函賜教。

　　圖像世界不只是一門知識，它會隨著使用者的練習與體會，愈形豐富。這系列書籍，包括這本《圖像溝通心視界》，以及「鼓舞卡」、「天賦卡」、「互動卡」三套卡片，書與圖卡各自獨立，也可以彈性交互使用。

　　您可以將這本書當作對圖像技術與理論的初步了解，也可以在目錄中找到二十五種國、高中生常見的生活、生涯、學習案例欣賞閱讀。或是依據您實際的需要，挑選適合在生活或教學上使用的卡片，試著在您跟孩子的互動中融入圖卡，可能會有意想不到的樂趣喲！

　　如果各位在使用時有心得或困惑，歡迎來函 service@4aspace. com，網站上我們也會不定期更新，期待和您共同討論圖像視界的各種可能性。

＊＊＊

　　花了四年，這趟文字與圖像的旅行，是終點、也是啟程。謝謝你們，願意打開一個新的可能性，用一個客觀與探

索的視角，貼近孩子、走近自己。

　　這個豐富直覺的圖像世界，希望您也會喜歡。

第一部

基 礎 篇

圖像，
有助於了解並接納孩子的各種不同特質與能力強項，
並且是一個快速、直接的操作工具，
能在課堂教學、諮商輔導中彈性運用。

01

導論

開學第一節課的震撼教育

「老師，你不用叫她啦，叫她也叫不起來的。」

「為什麼？」

「因為她就是這樣一直睡呀，她可以睡一整天喲，我們怎麼叫也叫不醒。」

「怎麼會這樣呢？她身體不好嗎？」

「不知道呀，她就是很愛睡覺，每天都來學校睡覺。」

「沒有起來的時候嗎？」

「有呀，吃午飯、睡午覺的時候就會起來了，但是她起

來我們都不能睡了，她精神好就會在教室跑來跑去，所以我們還是希望她就這樣睡覺。」

我試著叫這個孩子幾聲，孩子睡得紋風不動。我沒有動怒，轉身走回講台，讓全班拿出課本，照常上完那兩節課。孩子睡得很沉，連下課時間都只有懶懶地起來上個廁所，回來又繼續趴在桌上睡覺。跟班上的互動看來也不多，頂多就是好奇地湊過去看看別人在做什麼，別人不理她，她就又趴回桌上去。

那兩節課我沒說什麼，但是心裡實在好奇，這個孩子發生了什麼事情。

那天上午的課程結束後，我回到辦公室，打了通電話給她的導師，接到電話的導師慘叫一聲：「怎麼連妳的課她也睡？我想說她在別的課睡覺是因為聽不懂，怎麼連生涯規劃課都睡成這樣呢？老師，這孩子真的每天從頭睡到尾耶，只有中午不睡覺，但是她中午在教室走來走去，其他同學會沒辦法休息，家長還打電話來抗議，我只好讓她中午到辦公室來找我，可是總不能每天呀～怎麼辦呀，我真的好困擾。」

我問導師：「她的身體有什麼狀況，或是醫師曾經有過診斷嗎？」

導師說：「有呀，我問過家長，說她是過動症，從小學就坐不住，在班上一直走來走去，干擾同學。所以家長一直提醒她，上課時不可以隨便走動，要坐在位子上，不想上課

27

就睡覺，結果變成她一直在睡覺。」

「老師呀，我很困擾她每天中午都不睡，我要找好多工作給她做才不會干擾同學，可是我實在也沒那麼多工作可以給她，可不可以每個禮拜讓她去妳那裡一、兩天呢？」

輔導室中午本來就人來人往的，同學走動比較沒有影響，加上我實在很想多了解她，所以就答應了。於是，這位同學每週會有兩天中午來找我，有時幫忙影印、分頁，有時整理一般性的資料。不忙的時候，我就跟她閒聊兩句，不刻意地開始當她的朋友。

沒事的時候，這孩子很喜歡跑去看輔導室的牆，我們在牆面上布置了一棵「讀心樹」，上面掛了許多色彩繽紛的圖片，翻過來會有一句正向鼓勵的話語。有一天，她扯下其中一張跑來問我：「老師，這是什麼意思？」

我拿過來看，卡片裡有一個趴在地上的人偶，身邊有很多符號向外飛出去，邊緣有暗暗的顏色。我問她：「妳覺得是什麼呢？」她說飛出去的是她的細胞，她每天都被要求，在學校只能坐在椅子上不能動、不能干擾同學，所以她只好趴著；也因為沒人了解她，所以她乾脆睡覺，她覺得上學實在是一件很無聊的事情。

孩子拿來的一張卡片，揭開了她對我的信任，也讓我從她的觀點了解她內在真實的想法。我說：「妳好棒喲，上課趴著其實是在為別人著想，不要干擾別人是嗎？」孩子認真

地點點頭。那時剛好有學生來找我，我們沒再繼續這個話題，但是那張孩子拿來的圖片，一直深刻地印在我的腦海中。

奇妙的是，之後上課時，她偶爾會抬起頭了！

抬起頭來的她，會很大聲地問我問題，當班上投影機故障，趴著的她也會第一時間衝上來，把坐在投影機下的同學趕走，然後爬上椅子，手伸得長長的去調整投影機的方向、拉好接頭、轉好焦距，貼心地做好準備，讓課程可以順利進行。我才發現，**趴著的她很多時候根本沒睡著，只是找不到**

圖1 人偶與飛出的細胞

切入點可以醒著。

我跟這個孩子的對話一直持續著，每個星期她都帶給我很大的驚奇。因為不強迫她，她開始感受到自由，下課時也會到講台來黏著，告訴我她參加社團的練舞過程如何如何，然後幫我搬電腦、教具等一堆東西回辦公室。

我發現這個孩子很不快樂，在班上的人際關係似乎有一些障礙，她自己也說不出來。有一天，這個孩子來找我，說她失戀了，很難過。她覺得別人都在利用她，不是真的關心她，自己就像是一個被迫笑著的洋娃娃，每個人都可以擺布她。我關心她為什麼有這種感覺，她沒回答，開始把話題轉到她暗戀的對象上，一直問我對方是不是真的喜歡她，還是只是利用她？

孩子一邊說，一邊從我桌上的卡片中挑出一張，看了好久；那是一個披著披風、背對著她將要起飛的超人。孩子看著看著，像是自言自語地說：「其實我知道他也不是真的喜歡我，他人緣這麼好，隨時都會飛走，他不是屬於我的，其實我早就知道了，可是我就是很喜歡他。」

我真是太意外了！這個孩子內在的洞見、對自己的誠實、對我的坦露，都讓我訝異。我也發現，她其實擁有擅長運用圖像來思考與表達的特質。

逐漸到了學期末，從一個月前我就開始預告各項作業的繳交與評分方式，這個孩子遲遲沒有動作，也沒來找我討論

圖 2 即將起飛的超人

題目和方向。下課時我叫她來，關心期末作業的進度，她說她有想，可是寫不了幾個字就想睡了。我說：「那妳用畫的，然後來說給我聽。」孩子開心得不得了，下一週連畫了好幾張圖繳上來，圖旁邊還附帶文字說明，把她的生涯藍圖一張張展現在我面前，開心地說著她對自己在學校的想法、課外活動參加的社團、想繼續念書的方向、未來想做的事情、自己擅長什麼⋯⋯，指著圖畫的她，說得頭頭是道。

　　我再次被震撼了，原來她是個內心世界如此豐富的孩子；而且，這堂課她真的沒有睡著！她真的在用她的方法思

31

考自己對生涯的想法，繳出了她的作業。

我非常感動！

圖像，幫助我了解並接納孩子有各種不同的特質與能力**強項**，並且有一個快速、直接操作的工具，能在課堂教學、諮商輔導中彈性運用。

當我運用孩子的強項能力，使用他／她的溝通語言，**他們內在豐富的世界就開始一層層展現在我面前**，讓我讚嘆不已。於是，我開始有系統地進行研究，融入教學中，並在與學生的會談中，刻意提高圖像出現的比例。

有時只是隨手把圖卡放在旁邊，同學自己就會蜂擁而上地問：「老師，這是什麼？」然後圍著我嘰嘰喳喳地說著他們的心事，互相爆料，堅持一定要「抽一張」，彼此表達關心，**師長的角色從「詢問者」變成「傾聽者」**，學生來輔導室除了事務，**互動的過程是雙向的交流**，少了阻抗的破冰過程，變得非常順利與輕鬆！

不管學生是在生涯疑惑、情緒困擾、行為問題、學業表現的哪種情境，一直都真實地存在著被了解的渴望，我非常享受這樣的互動歷程，也在過程中被這樣的人性交會深深滋養著。

02

快速變化的世界

1、十倍速的世界、0與1的視界

我想你會同意,這些年來,世界實在變得太快了。

從父執輩時期的解嚴、凍省等政治議題;到青壯世代面臨的適齡少婚、跨國籍配偶、產業外移、少子化、金融危機等經濟與社會議題;到下一代面臨的教育改革、數位科技的普及與生活化、全球性競爭等多元化議題。

在我們還訝異前一瞬間的改變時,世界已經又在瞬息間改變,快得有點讓人跟不上,快得讓人有點措手不及。而且,這些改變並不是單一事件,而是在我們生活各個層面中普遍發生的現象。

身為師長的我們，一邊要穩定自己面對改變時的不安，一邊還要敏銳到這些改變，評估對教學設計、班級經營、家庭教育的影響，並且要及時反映在輔導及親師生互動的方式中，責任真是艱巨而重大。

　　和你一樣，身處於變動時代中的我，在二十、三十、四十歲的各個階段當中，接觸到媒體、資訊產業，並橫跨到傳統及數位出版產業，並且嘗試從各種不同的角度切入、觀察，親身體驗社會各個不同層面的變化。

　　為了更加了解資訊趨勢，我先從資訊與傳播領域切入，想探索資訊如何影響人們的生活，再透過教育心理與諮商領域，不斷在理論與實務間進行整合與對話。十多年來，服務場景從國小到高中職、大學；工作內容，涵括從國小到高中各個學科領域的數位教材研發，一直到和孩子、家長直接互動的輔導教師。

　　在這些年橫跨不同學制的工作經驗，我可以肯定地說，現在在學的孩子，正是屬於馬克・普瑞斯基（Marc Prensky, 2001）[1] 所描述的「數位原生」（Digital Native）世代的一群，他們的特質已經深刻改變了原本寧靜的校園場域。

　　這些孩子的生活中，充斥著各種數位科技，並且能夠自然熟練地使用科技進行互動。他們的手總是滑來滑去，喜愛圖像思考勝過文字閱讀，需要的資訊大多能從網路上快速取得，對網路與通訊軟體上即時的人際互動非常重視，也可以

圖 3 數位原生特質

輕易透過網路世界的網網相連，接觸到不同於他們生活世界的人群。

　　面對學生們生長環境的質變，以及數位、雲端、多元化等愈來愈快速與多樣化的變動，身為師長的你，已經調整好了嗎？

　　在本書的一開始，就讓我們從這些年來，科技發展、社會背景與教學場景這三方面的變化談起，看看這些改變在教學輔導及親子教育中，對我們與下一代的互動帶來什麼影響；以及，我們有什麼新的方式，可以結合已知的知識與經驗，協助我們更了解這群數位原生族群。

35

快速變化的世界

2、科技發展的變化

經常聽到身邊的師長感嘆,現在的孩子好像一代不如一代。我們的上一代勤儉、刻苦,到我們這一代還保留著踏實、拚勁,怎麼下一代不但是草莓族,甚至變成冰塊族,放在現實中就會溶化,真是叫人擔心。

這群出生在 1980 年以後的數位原生孩子,是成長過程中充滿科技產品的世代。他們經常使用電腦、網站、手機等數位產品,習慣打字甚於寫字,滑螢幕的速度勝於翻書,對科技產品並不需要特意學習就能上手。

他們習慣同時開啟多個視窗接收與處理訊息,思考就像開啟網頁一樣快速連結與發散,他們喜歡圖像式、互動式的說明,喜歡刺激、即時的互動,樂於展現自我,使用網路社群非常自然,運用圖像式介面的能力遠勝於閱讀文字,對於太多的文字或偏向靜態的聽講,則顯得興趣缺缺。

這些孩子對於閱讀過多的文字往往缺乏耐性,也不容易抓到文字訊息的重點。與人對談時,即使心裡有想說的,卻可能受限於詞彙或缺乏內在經驗,較難用具體內容進行描述,所以經常會以沉默或是「不知道耶」一語帶過。

這些不喜歡墨守成規的孩子,容易受到身邊意見領袖的影響,喜歡多變、新穎的生活方式,也非常擅長使用各種網路資訊,對新科技和新事物的接受程度很高,相信自己的感

覺和判斷。[2]

唐‧泰普史考特（Don Tapscott）和研究團隊長期關注數位原生族群，在《N世代衝撞》[3]一書裡，他提出以下數位原生族群的特徵，包括：追求工作時間、選擇地點的自由；習慣改造，讓物品更適合個人使用習慣；運用網路即時查證；重視對方在網路上的誠信與評價，也願意坦白說出自己的使用觀點與感受；玩多人電玩、分享彼此資訊，也能運用網路和朋友協同作業；喜歡用影片、搜尋、線上遊戲等有趣的方式，在娛樂中進行學習；期待事情可以速戰速決，獲得立即回應；能夠不斷地創新和因應變化。

年齡在三十五歲以下的老師，也有許多屬於數位原生世代。在教學時，能夠運用圖像來呈現歸類過的訊息，願意更彈性地採用新資訊，願意花更多時間蒐集素材，在教學中運用影片、多媒體、實務操作、觀察、引導、互動等多樣性媒材與教學手法，提升教學效果。

目前三十五歲以上，出生在已經發明電腦，卻還沒有被數位訊息包圍的師長們，則多半屬於「數位移民」（Digital Immigrant）的世代。那時的電腦多半是寫作業或辦公室裡處理訊息的工具。

對數位移民而言，學習電腦的歷程，就像是移民到另一個國家一樣，需要經過學習與適應，才能順利與當地人民溝通。這群師長是現在教學現場的中堅份子，可以運用電腦教

學、上課時使用 PPT 減少板書、能夠視不同主題運用影像、音樂等媒材引起孩子學習動機，豐富教學內涵。有些師長也會以社交網站進行班級經營、建立班級部落格，從各個方面了解孩子的日常生活，並與家長互動。

至於更資深的師長，有些人對電腦作業與資訊使用可能還有些抗拒或不適應，而在資訊衝擊中成為「數位難民」（Digital Refugees）。[4] 對於資訊處理的複雜過程，在從抗拒到被動接受的學習過程裡，相對比較吃力，更傾向使用原本熟悉的教學技巧。

他們在學校要求下開始學會上網，並且以板書與書面教材繼續堅守教學崗位，勤教嚴管，以不變因應世界的萬變。對於專注力降低與準備度不足的學生，可能帶著「怎麼如此不受教」、「不如早點退休」的感嘆。這樣的師長，就可能在教學及生活經驗中，與孩子的真實世界漸行漸遠。

需要注意的是，這裡所說的「數位原生」、「數位移民」、「數位難民」，只是一個大致的現象描述，類別間只有狀態不同，並不是指教學能力高下或厲害與否，也並非絕對以年分、年紀來分類，而是以對資訊的使用與密集程度所進行的分類與說明。

淡江大學教育學院院長高薰芳在 2008 年指出，現在的師長經常抱怨孩子「快、淺、亂、雜、虛」，而孩子則嫌師長是「多、嚴、冷、酷、殺」。[5] 這種兩邊互不理解的情

表 2-1 **數位原生、數位移民與數位難民**

	數位原生 Digital Native	數位移民 Digital Immigrant	數位難民 Digital Refugees
年代	1980 年以後	1980 年以前	比 1980 年更早以前
特徵	・出生身邊就有電腦和網路 ・經常使用通訊軟體 ・同時處理多樣事情 ・圖像、快速、直覺 ・生活在虛擬與現實之間 ・喜歡有彈性 ・喜歡即時與互動，需要立即回饋	・使用 email、電話 ・使用文字溝通 ・工具性地使用網路 ・玩單機版遊戲 ・大部分接觸的是實體	・很晚才學會上網 ・教學仍以板書與書面教材為主 ・資訊學習過程較為吃力 ・不太想接受改變

況，可以預見教學上的單向與效果不彰。

　　不論教師是在哪一種資訊使用的狀態，對於正處在學習階段的數位原生世代，他們學習與表達的強項在於創意與延伸，更勝於純粹口語的表達回應。面對這群思緒快速、坐不住、**動腦與聯想處理速度特別快速**的新世代，**圖像**正是他們的語言。

　　每看見一張圖卡，就像一個網路上的 click，充滿無法預知的擦撞驚喜。師長與孩子共同進行聯想，有如網路的超連結（hyperlink），網網相連，相互獨立與彼此欣賞的空間就出現了。

　　當師長開始學習圖像語言，就已經離開教導的講台，而

是用一種不同的心態，轉而站在孩子身邊，用孩子的角度來思考，用孩子的視野去傾聽，展開另一種「欣賞」與「對話」的可能性。

柯志恩、黃盈傑、黃一庭（2013）的研究中，[6] 認為數位原生族群具有較好的空間處理、圖像優先及平行處理多種訊息的能力。圖像，正是幫助孩子用自己的邏輯來表達想法的絕妙工具。

環境再怎麼改變，對師長來說教育的天職是不變的。面對這群強調快速、直覺、圖像式思考的世代，身處在變化中的人，面對與日俱增的壓力所能做的，是體察時代與社會中的變化，在其中先安頓好自己，找到有效的工作方式，才能提供這些孩子在變革中最好的涵容，讓他們可以順利成長、學習，發揮自己。

3、社會背景的變化

在談安頓自己和學生以前，我們也要注意這十多年來社會結構的改變。台灣新生兒，從 1950 年代 40‰的出生水準，到 1960 年代開始明顯下滑。三十年間，台灣婦女的生育率從六個子女驟減到不足兩名子女，比全世界人口平均成長率從 22‰下降到 16‰更低。[7] 1996 年以後，從每年三十

餘萬逐步滑落，最低在 2010 年時跌破 1，之後雖然略有上升，2013 年的生育率也才只有 1.07。

依據中研院 2014 年一項橫跨台灣、南韓、日本等四十個國家的研究，其中十七個被歸為高所得的國家，婦女的平均實際生育率是 1.65，而台灣婦女僅平均生育 1.065 個子女，生育率是世界最低。[8]

最明顯的下滑出現在 1998 年，當年新生兒出生人口比前一年驟然減少五萬多人。隨著這些孩子的成長，陸續為不同學段的教育現場帶來少子化的衝擊。2004 年國小減班、2010 年國中減班。少子化的影響在 2015 學年度，光是台南將減少 110 班，台中市將減少 192 班。[9]根據教育部的統計資料，高雄在 2014～2018 年間，國中班級數預計要減掉722 班、1,290 位老師（占員額 21%）。[10]可以說，目前減班的壓力已經逐步進入高中職校，繼續向大專院校發展。

許多學校開始以大量聘用代理教師，降低專任教師的比例，來提高學校應變少子化的彈性（張瀞文，2015）。[11]代理教師雖然同樣具有專業能力與教學熱忱，但是一年一聘的代理制度，讓學生需要更頻繁地面對教師的調整，也需要花更多力氣適應不同師長的教學與溝通風格。對師長來說，一邊要盡快融入教學環境、銜接前人的教學成果，又要與學生快速建立關係，絕對是相當富有挑戰的任務。

家庭結構中，外籍配偶比例增加及社會民情的轉變，離

婚率、隔代教養與單親家庭的狀況也愈來愈多。師長在班級經營時，愈來愈需要注意兼顧與包容多元文化的相關議題，避免涉入太多自己的價值觀，也需要花更多時間，理解與關心不同家庭背景下孩子的各種狀況。

師長的角色，在這些年也面臨很大的挑戰。例如在網路使用與資訊取得容易的狀況下，教室中的學習不再是知識的唯一來源。生活環境裡所能提供的資訊資源，長久下來所形成的資訊落差，也讓同一班的孩子，在相同主題的基本準備度上有很大的差異。

面對業務量加大、困難度提升、複雜度變高的狀況，師長們更需要運用創意的方式，進行師生互動與引導，讓自己掌握關鍵，更加輕鬆地進行教學與親師生的關係經營。

ㄑ、教學場景的變化

1911 年，教育部頒定《普通教育暫行辦法》十四條，成為施行基礎教育的標準。同年九月訂定初等小學四年，屬於義務教育階段。1922 年的學制會議中，將新制學校系統分為初等教育、中等教育、高等教育的三段五級，逐步推動基礎教育。在師長長輩的那個時代，連進中等學校都需要經過考試。1967 年，《九年國民教育實施綱要》頒布，從五

十七學年度開始，將國民教育延長為九年，前六年為國民小學階段，後三年是國民中學階段，課程採用九年一貫的精神，從該年度起，可以免試進入國中就讀。

九年國民義務教育推動十年後，1977 年，由教育部國民教育司司長葉楚生擔任起草召集人，委託臺灣師範大學方炎明教授起草，並交由研擬委員會討論草擬「國民教育法」，送行政院討論、修訂後，1979 年立法院完成審定，訂定《國民教育法》，成為國民教育實施的法源依據。[12]

1994 年，全台灣共有 177 所高中，50 所大學。[13] 那時的高中生還背負著一試定終身的聯考壓力，為了改革單一次的評量結果，無法完整呈現學生的學習成效與潛能，民間成立的教改聯盟，持續呼籲教育改革，提倡孩子的適性發展。從 1994 年以後，台灣的教育場景掀起改革的浪潮，呈現變動頻繁的面貌。

1994 年到 1996 年間，由中研院院長李遠哲擔任召集人的教改會，陸續提出的多份報告書，成為台灣教育改革的重要依據。教育部也正式成立教改推動小組，負責推動中小學及高等教育的改革，制定九年一貫課程綱要，實施教科書一綱多本的教學，並準備以多元入學方案取代傳統聯考制度。

政府在民間解除聯考、適性發展的呼聲下，開始廣設高中、大學，並逐步落實小班小校的制度。這個改變，被視為台灣教改的起點。到 2010 年，台灣共有 740 所國中、

28,146 班，共 919,802 位學生、51,991 位老師。高中共有 491 所、20,109 班，共 815,060 位學生、53,215 位老師。大學共 163 所，共 1,343,603 位學生、50,684 位專任教師。[14]

換言之，在短短十六年間，台灣共增加 314 所高中、113 所大學，不但大學指考錄取率超過九成，2008 年的大學入學考試還出現最低錄取分數僅 7.69 分。但即使分數再低，仍舊有許多學校科系面臨招生的困難。

現在高中與大專院校的許多教師，必須在行政、研究與教學工作之外，擔負起招生宣傳工作。近兩年，還出現多間學校招生不足、發不出薪資，甚至無法開出課程，面臨必須減招或停招的狀況。

2014 年，全台灣的學校數為國小 2,644 所、53,547 班、學生數共 1,252,706 人；國中 738 所，27,249 班，共 803,226 位學生；高中 503 所，21,785 班，學生數共 818,869 人；[15] 大專院校共 159 所，共 1,339,849 位學生，專任教師人數 49,357 位。

教改實施過程中，引發許多討論與爭議。民間團體在 2009 年發動「我要十二年國教大遊行」，政府回應規劃，從 2014 年開始實施以「免試、優質、快樂」為訴求的十二年國教。即使政策宣導的研習時數是足夠的，但並不代表師長能夠及時調整教學手法，國中到高中的課程銜接也出現很大的落差。

在課業學習上，學生處在免試、優質、快樂的氛圍裡，真的就已經學到該學年段需要具備的基本能力嗎？免試升學著重的多元學習表現中，師長必須以具啟迪性的教學設計、多媒材的教學素材，引導這些基礎不同、資源不同甚或學習動機較弱的孩子，協助孩子運用強項，發展出自己的學習風格，累積自信並有好的表現，這些都是師長在教學場景中面對的巨大挑戰。

倉促上路的制度，不但在學測考試與分發中引起爭議，在教育界也有學習素質差異拉大、孩子學習能力降低的疑慮。對親師生來說，配合這些制度的過程中實在是充滿疑問。許多高中生對我說，他們覺得自己真的很像白老鼠。這些正在面對教育變革的師長與孩子，對於與之前截然不同、無經驗可參考的選填志願、學制選擇，充滿著不安與擔心。

因為學校屬於義務教育，在生活輔導上，公立學校幾乎沒有退學機制，連輔導轉學都不太容易。另一方面，學校校規愈來愈寬鬆，2021 年教官即將退出高中職校園，認真想管理的學校還可能動輒被投訴，學校能用來輔導學生的工具也愈來愈少。如果過去的方式已經不可行，運用圖像的協助與引導，讓師生從多種角度進行討論與理解，是另一種值得嘗試的方向。

如果變革是無法拒絕的現實，站在歷史的現在看過去，我們能否更清楚看出教育改革想要的走向？還是，在變革潮

流中的我們其實仍感覺迷惘，被迎面而來的變革大浪捲得暈頭轉向？

所有的今天會變成歷史，所有現在在意的也會在明天成為過去。唯一不變的，大概就是教育改革這條路會繼續變化下去。

因此，長出安頓自己的能力，讓我們在這些變化中，心思不會過於混亂、能夠看得清晰，在面對變革的當下是非常重要的。

運用圖像，除了是一種容易與數位原生世代建立關係的工具，幫助師長找出孩子內在優勢的語言，它也可以幫助師長們在面臨一連串變化當中，安頓與觀照自己的心情。

唯有師長們先安下心，掌穩方向，逐步調整教育方式，孩子才有機會找到自己的優勢，穩定地學習，也才談得到因材施教地給予培育與發展，進而達到適性發展的成效。

1 Prensky, Marc（2001）. Digital Natives, Digital Immigrants , From On the Horizon （MCB University Press, Vol. 9 No. 5, October 2001）.

2 王小鋒、張永強、吳笑一（2015），《零售 4.0》，台北市：遠見天下文化。

3 Tapscott, Don（2009），羅耀宗、黃貝玲、蔡宏明譯，《N 世代衝撞：網路新人類正在改變你的世界》，台北市：麥格羅‧希爾，2009 年 7 月。

4 李麗君（2010），〈解讀「數位原生世代」的行為與心理〉，《教育研究月刊》，193，頁5-14。

5 高薰芳（2010），〈數位原生化之學習與諮商〉，學習與發展學術研討會，新北市。

6 柯志恩、黃盈傑、黃一庭（2013），《數位原生圖像認知之探究及其在教學上的應用》，台北市：高等教育文化。

7 薛承泰（2003），〈近五十年的人口變遷與教育發展：兼論教改的方向〉，提升高等教育競爭力：二十一世紀大學教育的發展國際學術研討會，2003 年 11 月 13-14 日。

8 林信男（2014），「台灣生育率世界最低」，中研院：未來人口少、老、窮，東森新聞，2014 年 11 月 10 日。

9 施春瑛（2015），〈少子化衝擊國中預估減 110 班〉，《中華日報》，2015 年 4 月 8 日。

10 徐如宜（2015），〈高雄五年減 722 班千名國中師恐失業〉，《聯合報》，2015 年 4 月 8 日。

11 張瀞文（2015），〈「少子化」失去的不只是學生〉，《親子天下》，2015 年 6 月號，頁 106-107。

12 教育部（1987），《第六次中華民國教育年鑑》，台北市：教育部。

13 秦夢群（2013），《教育行政實務與應用》，台北市：五南。

14 資料來源：教育部全球資訊網 http://www.edu.tw。

15 資料來源：教育部全球資訊網 http://www.edu.tw。

快速變化的世界

03

圖像有意義嗎？

1、圖像的溝通基礎

我想，大部分的人都能同意，圖像比聽覺或文字富含更多的意涵與詮釋空間。聽覺、文字、語言都是單向的，都有個起者、有個受者。

受者的所感、所見、所知，會被起者的用字、文句、詮釋所影響，並且在後續的視覺、聽覺、文字與語言中，持續和原先儲存在個人長期記憶裡的心像（Mental Imagery）進行比對。曾嘉業（2008）認為，「心像可以是過去經驗圖像的再現，或當下還沒有被腦袋詮釋、尚未被感受到的事物，即使透過聽覺、嗅覺、味覺等，也能產生感官圖像」。

心像屬於過去經驗的主觀呈現，當我們接觸新訊息時，會將它與舊的經驗互相連結比較，用來試著理解這個新經驗的意義。當特定情境中出現一連串的行為特徵，就會在我們的記憶系統形成一組基模（Schema），成為我們吸收知識的基本架構。「我們利用基模來詮釋接觸到的新訊息，藉此簡化、整理、合併這些新訊息」（曾嘉業，2008）。[1]

聽覺、文字、語言應用在諮商，從十九世紀開始逐步發展而來，就像是 2D 的介面，是單向的、平面的。而圖像則是用立體思維來思考，同時衡量個案的文化背景、教育水準、語氣、思考、家庭與社會環境中系統化的脈絡、內在的可能性、說與沒說的、話語間的停頓與空隙……。

Tall 與 Vinner（1981）認為，[2]「教學中當某個人（P）遇到某個概念（C），則所有出現在 P 的腦中和 C 有關聯的圖像集合，稱為 P 對 C 的『心靈圖像』」。在此使用的圖像，包含這個概念的任何視覺表徵與符號（謝佳叡，2012）。[3]「在 P 的腦中，其他與這個概念相關的性質，連同心靈圖像的集合，就稱為『概念圖像』」。

舉例來說，發展上，語言是學習而來，直到兩、三歲牙牙學語，也開始在過程中學習到社會的價值觀，並成為個體看待事件的背景詮釋方式。而圖像的發展是與生俱來，更加直覺的。

2、溝通裡心像的交換

　　如果你看過 3D 電影，是否曾經研究過它的鏡片，一眼紅、一眼綠，單看一眼都是單薄的虛線，但戴上整副眼鏡後，視線的交集處讓眼前視野呈現立體聚焦的效果。

　　和孩子的談話中，圖像就是我們共同描繪事件的工具。不論是師長或學生，對於在話語中所了解的內容與事實，不僅可能受限於理解、角度、價值觀、時間、期待等，很難具

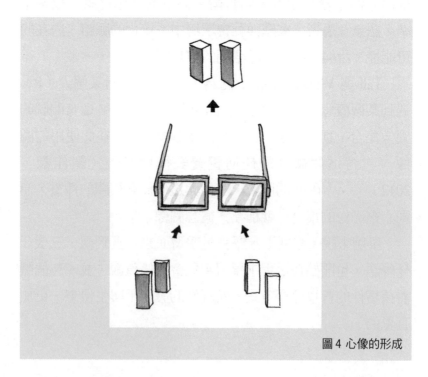

圖 4 心像的形成

有全面性，孩子所提供的角度有其關注的焦點，同時也會帶來具有個人色彩與關注的角度。當師長獲得孩子提供的二手資訊，對這個事件的心像，也可能因為師長的經驗、背景、期待、價值觀等，在理解的同時偏離事件原貌。

然而各有不同角度的人，如果能透過圖像交會彼此內在的心像，在交集處將產生如同 3D 眼鏡立體聚焦的效果，在聚焦的當下，個案內在的心像被重新賦能，在真實世界中立體起來，並重新賦予再經驗、解構與看見的可能性。

孩子在發展過程中，想要被看見、想證明自己的存在，都是很自然的事。在探索、嘗試、修正的過程裡，許多事情其實並沒有絕對的「對」或「錯」，運用圖像進行討論，師長們就有機會了解孩子思維的脈絡，他的觀點是什麼？想法是什麼？抉擇的關鍵點是什麼？

師長可以跟孩子一起成為他內在世界的探險家。透過這樣的過程與孩子的互動，就能跳脫出絕對性的對錯、單向式的教導，而成為一種彼此共同經驗、探索式的學習。

3、意識與潛意識的轉譯

社會化的過程就是人類集合體彼此磨合、配合的一連串歷程。許多自由放任、自主不拘的個人想法，可能因為不符

合社會價值、家庭規條、學校規範、人際潛規則，而在教養、禮貌、社會文化、人際互動的潛移默化中受到壓抑。

這些被壓抑的自我並不會消失，而是被收藏在潛意識中，透過夢境、直覺、繪畫等方式，有機會時才表達出來。有時，這份壓抑也會脫口而出，可能讓我們必須道歉，或要做許多彌補的事情，但某些時候的口誤，或許更能代表內在真實的想法。

意識、潛意識其實一直都在，只是生活中每天十次、百次的重複鍛鍊，讓我們成為通曉理性邏輯與經驗歸類的熟手，並運用這些熟練的內在運作，以最直接的方式回應這個世界。

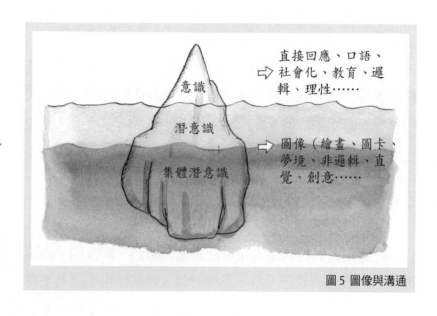

意識

直接回應、口語、社會化、教育、邏輯、理性……

潛意識

集體潛意識

圖像（繪畫、圖卡、夢境、非邏輯、直覺、創意……

圖 5 圖像與溝通

當我們運用圖像，就有機會透過這個介面略過經驗邏輯的習慣性回應，引流出潛意識的訊息，跳脫出邏輯慣性，直接面對生命中的深層經驗，並以直覺、當下的詮釋彼此連結。

ㄔ、圖像不是算命的工具

　　算命是一種文化下的自然，若當成文化的一部分，很單純、可以理解，也應該給予尊重。爭議的部分通常是，算命仙鐵口直斷地影響當事人的重要決定，後果卻由當事人自行承擔。

　　運用圖像時，師長是孩子生命事件的同行者，我們採用一種客觀、見證的姿態，陪伴與參與他們當下的生命歷程。在這個歷程中，身為師長的我們需要信任孩子內在的洞見與潛能，並且將決定的權力還給他們，和他們充分討論後，在可能的範圍內盡量給予他們尊重與嘗試的空間。

　　在人生的不同階段中，可能會因為遇到的事件與情境，發展出不同的對應方式。如果一個人因為恐懼算命成真，或是愈算命愈薄而「不敢」去算命，其實是因為非常相信算命，出於「恐懼」而不去做，這份恐懼就成為一種限制，而不是自由。

　　我相信人有傾向逃避以及朝向成長的本能，如果能平衡

這兩個部分，就多了許多彈性與選擇，如果我們對自己這種習慣模式有所覺察，而不是因為習慣或恐懼而行動，就可以讓生活中對人、事、物的反應成為一種選擇。

圖像中的豐富顏色、線條、意象、描繪等能提供許多線索，讓我們有機會脫離頭腦的刻板印象與反應，進入潛意識，對事情有更多的了解；能更加自由地依據當時的狀況，跳脫慣性反應模式，為自己進行選擇。

圖6 圖像與算命

5、打開圖像視界

你可以將這本書當作是一本工具書，透過第二章描述科技發展、社會背景及教學場景的變化，闡述外在變化對教學質量的改變與影響。第三章簡單介紹圖像相關的心理學理論之後，第四、五章將對本書所闡述的圖像進行定義，並介紹如何運用圖像與孩子建立關係的方法。

本書的實務篇設定多種主題，以三套圖卡工具做為骨幹，穿插常見的案例進行說明與解析。第六章會逐一說明圖卡工具的特色及適合應用的情境，對於使用時的限制與注意事項等做出說明與提醒。

第七到十一章用二十五個案例穿插，分別探討圖像如何協助師長了解孩子特質、協助學習、培養情緒管理等類別，帶出自我概念、學習方式、生涯興趣、品格教育、反思能力、情緒管理、溝通能力等主題。透過案例的故事情境，對不同圖卡工具的使用時機與效果進行說明。例如第八章運用圖卡了解孩子特質，協助孩子尋找適合他們的學習方法，希望相輔相成的引導，能使他們產生學習興趣，建構自己的學習藍圖。

第十二章是應用篇，適合一對多的團體、班級輔導或是對自己的運用，包括：新生適應、自我探索、生涯選擇、自我照顧等主題。依照主題進行的課程設計，也就教學歷程進

圖 7 視覺化溝通小祕訣：放鬆、演練、暫停、體會

行示範。你可在附錄一找到課程設計提及的空白學習單，在網站[4]上有空白電子檔供教師自行下載、調整與運用。

如果你想繼續深入圖像的相關資訊，可在附錄二參考資料中找到參考書目、網站資訊、工具下載等資訊，做為參考。想在練習中跟其他讀者互動、共同學習的師長，除了在學校中和其他師長一起練習與討論，也可到臉書社團[5]提出你的分享，共同討論。

1 曾嘉業（2008），「國小學童學習與記憶策略使用研究——以心像策略教學為例」，台北市教師研習中心，未出版論文。

2 Tall, D., & Vinner, S.（1981）. Concept image and concept definition in mathematics with particular reference to limits and continuity. *Educational Studies in Mathematics,* 12（2）, pp. 151-169.

3 謝佳叡（2012），〈中學數學實習教師之數學教學概念心像探究——以學生數學思考面向為例〉，《中等教育》，63（3），頁48-67。

4「士瑋老師的溝通心視界」網站：www.4aspace.com。

5「圖像視界」臉書社團：https://www.facebook.com/4aspace。

圖像有意義嗎？

04

何謂圖像工具

　　本書所提到的圖像媒材，主要以可用實體操作的圖卡工具為主。這些具體可見，可以觸摸，改變位置、方向的工具，包括已經設計好的圖片，或是實體教具、空間擺設的運用，也可能是教師與孩子運用媒材進行的藝術創作。

　　圖像卡片的常見尺寸包括：6.2 公分×8.7 公分、7.8 公分×7.8 公分、8 公分×8 公分、7.6 公分×11.7 公分、8.8 公分×12.6 公分、9 公分×9 公分，有些媒材也可能會依據設計目的，而呈現不規則形狀。

　　部分圖像媒材尺寸可以互相搭配使用，如「OH 卡」，分為大卡、小卡兩種尺寸，兩者搭配成套，可以單獨或分別使用，或搭配同系列的「克服卡」、「人像卡」等同時操

作。這些經過設計的圖片，本書中統稱為「圖像媒材」，媒材的元素包括色彩、文字、象徵、圖形等豐富意象，並且常常圖文並茂。

　　台灣有幾位助人工作者，將圖像媒材進行分類。例如黃士鈞博士將卡片分為「占卜型」、「投射型」與「澄清型」三種。[1] 陳盈君心理師將卡片分為「潛意識投射卡」、「天使訊息卡」、「訊息卡」、「澄清卡」、「互動卡」、「人格卡」、「創意激發卡」、「塔羅牌」等八種。[2]

　　本書則依據詮釋的特性，以圖文版面比例，將圖像工具略分為「圖卡型」、「字卡型」、「圖文型」三種。

　　圖卡型：版面以圖片為主，透過顏色、象徵、符號等設計，在版面中提供投射的元素，文字僅做為裝飾或包含於圖片構圖的一部分。以多樣性的豐富素材，提供極大的自由探索可能性。例如：「鼓舞卡」、「妙語說書人」、「克服卡」、「青少年人像卡」、「人像卡」、「門卡」等。

　　字卡型：版面以文字為主，僅有少量圖畫或單純顏色做為背景與裝飾，裝飾性圖畫或顏色本身並無特定意義。此類牌卡呈現意象單純，適合對文字具有一定理解能力的個案，可用來進行經驗詮釋與價值觀的探索。例如：「天賦卡」、「彩虹卡」、「生涯卡」、「職業探索卡」。

　　圖文型：是將圖片與文字同時呈現，且圖片與文字都具有特定詮釋的空間，可以圖、文單獨探索與詮釋，或組合起

來詮釋。此類卡片操作彈性大,可依據圖文元素的組合進行多層次的探索與討論,也可依據使用目的進行主題性的深入訪談。例如:「互動卡」、「OH 卡」、「天使卡」、「漣漪卡」、「情緒卡」等。

表 4-1 **圖卡工具分類**

	圖卡型	字卡型	圖文型
說明	1. 版面以圖片為主 2. 透過顏色、象徵、符號等設計,在版面當中提供投射的元素 3. 畫面中文字僅做為裝飾或包含於圖片構圖的一部分	1. 版面以文字為主,僅有少量圖畫或單純顏色做為背景與裝飾 2. 裝飾性圖畫或顏色本身並無特定意義	1. 圖片與文字同時呈現 2. 圖片與文字皆有詮釋空間 3. 圖、文單獨詮釋,或以圖文組合詮釋
特色	1. 畫面豐富,多樣性的視覺素材 2. 無文字暗示,純以圖像進行自由聯想與詮釋	1. 呈現意象單純 2. 適合對文字具有一定理解能力的個案 3. 可用來進行經驗詮釋與價值觀的探索	1. 操作彈性大 2. 圖文元素可組合或拆解,便於進行多層次探索 3. 可進行主題性的深入訪談
舉例	鼓舞卡、妙語說書人、克服卡、青少年人像卡、人像卡、門卡	天賦卡、彩虹卡、生涯卡、職業探索卡	互動卡、OH 卡、天使卡、漣漪卡、情緒卡

1、依設計目的的圖卡分類

另外，為了讓眾多圖像媒材的特色更加一目了然，本書將市面上常見的圖卡媒材，依據作者的設計目的，分別以「桌遊類」、「訊息類」、「正向類」、「靈性類」、「象徵類」五類進行說明。

(1) 桌遊類：主要目的是讓一群人進行遊戲，產品中的遊戲版、骰子、人物、計分卡等配件，在與孩子的談話中多半用不到，只會使用圖卡的部分。經常在談話中使用的卡片包括「妙語說書人」（DIXIT）、「送禮高手」、「蛻變遊戲」（The Transformation Game）等。

(2) 訊息類：以文字為主，部分搭配明確的圖片與文字訊息，可以提供價值釐清、生涯定向，透過進行分類、篩選與討論，幫助孩子更加了解自己內在的價值觀。包括「天賦卡」、「互動卡」、「職業憧憬卡」、「能力強項卡」、「生涯卡」、「彩虹卡」、「情緒卡」等。

(3) 正向類：圖片與文字著重每個人的內在力量，強調為使用者內在擁有的正向資源與可能性賦能（Empower）。包括「鼓舞卡」、「漣漪卡」、「簡單答案卡」等。

(4) 靈性類：此類圖卡並不具有任何特定宗教性，而是經常用來與內在的自我（Self）、靈性（Spiral）進行對話的工具，很適合做為自我照顧，或在會談的開始或結束時做

為祝福使用。例如「天使卡」、「佛卡」、「易經卡」等。

(5) 象徵類：以充滿象徵意涵的圖畫，方便使用者運用圖形進行投射的引導，這些投射包括神話、社會事件、文化中的約定俗成、夢境，也包括社會中長期存在的集體潛意識。例如「靈魂卡」、「OH 卡」、「原型卡」等。

表 4-2 **圖像工具類別**

	桌遊類	訊息類	正向類	靈性類	象徵類
說明	目的是讓一群人進行遊戲	文字為主，圖片與文字訊息明確	著重人的內在力量	運用與個人內在的大我及靈性對話	圖畫充滿象徵意涵
特色	在談話中通常不會用到配件，只會使用圖卡、字卡的部分	透過分類篩選，了解內在價值觀	強調內在擁有的正向資源與可能性	自我照顧、祝福	投射、神話、文化
舉例	妙語說書人、送禮高手、蛻變遊戲	天賦卡、互動卡、職業憧憬卡、能力強項卡、生涯卡、彩虹卡、情緒卡	鼓舞卡、漣漪卡、簡單答案卡	天使卡、佛卡、易經卡	靈魂卡、OH 卡、原型卡

師長可以使用圖卡操作，讓孩子進行字詞聯想，以情境引導讓孩子自由書寫，或是運用圖文詮釋與自由聯想互相搭配，做為問題的澄清與開展，並且能夠進一步探索內在潛意

識的訊息。

這些分類並非絕對，而是便於說明與避免混淆的分類原則，有些圖像卡片可涵蓋不同類別的運用。師長也能隨著使用經驗的增加，依據自己對圖像的感受進行分類，或是自由地將圖像工具再進行跨類別的應用。

在教學研習與個案討論的場合裡，許多老師反映手邊已經有一些卡片，卻不太知道如何與學生的輔導對話銜接，久而久之，卡片放在櫃子裡成為一種擺設，這真是太可惜了。

考量到師長們教學與使用上的便利，本書以教學與輔導時經常出現的情境與狀況出發，設計出「鼓舞卡」（Encourage Card）、「天賦卡」（Talent Card）、「互動卡」（Interaction Card）三種簡易上手的工具，會在第七到十二章分別介紹。

如果你的學校或家裡，已經有各種類型的卡片，卻不太清楚如何使用，可參照本章的分類，及第七至十二章依主題分類的例子，嘗試培養自己對圖卡的感受和理解，讓自己開始有「Fu」，絕對是運用圖卡的第一步。

2、自己繪畫的圖像工具

若是會談時間充足，孩子也有意願嘗試，師長可以準備

一些繪畫材料、圖畫紙，讓他們自己繪製圖像進行探索。方便操作的繪畫媒材包括蠟筆、粉蠟筆、色鉛筆、鉛筆；圖畫紙以八開為主，也可以用 A4 影印紙代替。

不論選擇使用原先設計好的圖像，或是讓孩子自行繪圖，都是拓展他們想像力的方式，使用上各有優點，兩者也可互相搭配使用。

原先設計好的圖像，畫面元素豐富精練，可用來跳脫孩子生命經驗的限制，迅速提供多元、豐富的訊息。孩子自行繪圖的方式，雖然需要花費較多時間，卻讓他們擁有更高的自由度，具有不受拘束的優點。師長也可透過孩子繪畫的過

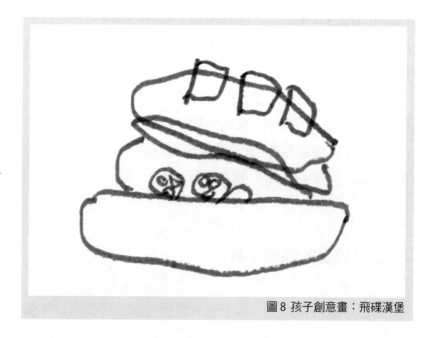

圖 8 孩子創意畫：飛碟漢堡

程，觀察他們操作時的肢體協調性、選擇媒材的模式、圖畫中的空間配比、線條的著墨力度、畫面中的注意焦點等行為訊息，進行引導與觀察。若是選擇適合的工具，也能達到讓主題聚焦，並縮短繪圖時間的效果。

師長可衡量當時能運用的時間、孩子的特質及使用目的來幫助選擇，或在適當時間交互使用圖像媒材、運用實體教具與空間擺設，以便和孩子進行多方面的互動及後續討論。

3、工具的挑選

圖像是一個探索式的工具，隨著過程中雙方關係、情境的不斷變化，會產生更加豐富的意義。

本書以孩子在學習與成長階段中會遇到的狀況為主軸，並考量師長使用的方便性，設計出「鼓舞卡」、「天賦卡」、「互動卡」三套媒材，並佐以大量的實際案例，說明圖像媒材運用的方式與效果。

建議師長們先挑選其中一項自己最感興趣的議題加以熟悉。我認為能夠熟練這三套工具，已可涵括一般需要，記得要多加「演練」、提問討論、相互練習與回饋，才是更加熟悉這項工具、能夠得心應手的不二法門。

你也可以搭配本書的系列圖卡，運用在學生的生涯輔

65

導、學習輔導、生活輔導中，或搭配生命教育課程。使用時，建議先以單套圖卡媒材開始熟悉，之後或有需要，再視需求加入不同的圖卡。

使用本書時，你可以邊準備相關媒材邊操作，或當成新資訊先行閱讀後，再參考第五章，選擇適合你的圖像媒材進行操作。除了自己和家人、好友一起練習，也可以加入 FB 社團，[3] 運用群組共同練習，增加演練與體驗的機會。

４、使用案例說明

這是一本關於圖像的書，會運用許多情境案例與圖像進行內容討論。師長可在第七到十二章中的主題中，找到自己有興趣的主題閱讀，並挑選適合自己的圖像媒材實際操作與練習。

為保護當事人，本書所有案例，包括性別、年級、情境都經過改編，以維護相關人的權益。

本書的每個案例都依循兩個架構：在章節開始，會就孩子在不同發展年齡對該主題的學習課題進行說明，之後以不同小節，用三到五個不同情境進行案例說明。在各個小節，師長會看到案例的主題與使用的圖卡，你可先將該張圖卡找出來，或翻到背面有圖示的地方看看卡片，對圖像進行一些

探討，培養自己的經驗。你也可以準備筆記本，稍微記錄自己對每張圖卡的第一個印象與感覺。

本書採用故事性寫法帶出各個圖像運用的情境。建議師長不必急著看內文說明，先讓自己沉澱一下，探索自己對圖像的感覺。從案例的標題開始直接連結圖像，看看是否對圖像產生一些直接的想法、感受？心裡是否浮現一些過往的經驗？是否有哪個部分的圖像對現在的自己產生意義？這些方法都能讓我們更加熟悉圖像的使用，拓展多元豐富的詮釋。

之後，會在案例故事中看到圖卡運用與討論的過程，並在文後以 Tips 提供操作時的關鍵技巧與注意事項。

案例彼此並沒有關聯性，師長在閱讀時並不需要從第一個故事開始，不妨從目錄中自己比較關注的主題開始。

5、使用前的提醒

圖卡並不是標準答案，不同的人會抽到不同的卡片，同一人在不同時間抽到同一卡片，也會有不同意義的詮釋。對師長來說，圖像的學習不只是技術，善用它將有助於我們和自己、和孩子進行連結。

如何善用呢？這不僅是一本「好看」的書，也是一本「好用」的書，閱讀過程不需要快速，而是要讓自己能夠

「放鬆」、「演練」、「暫停」，並留下自己對此工具的「體會」。同時，運用「放鬆」、「演練」、「暫停」、「體會」四個小技巧，更能幫助你進入本書所討論的情境，也是練習時很重要的過程。

放鬆：圖像工作不是占卜，圖畫沒有需要背誦或記憶的標準答案，你需要讓自己學習放鬆下來，讓自己可以在過程中感覺到放鬆、自在。每一張圖像都是嶄新的經驗，允許自己放掉預設立場，完全去探索和經驗。許多創意就是在放鬆的過程中，才有空間自由地展現出來、被收到。

圖 9 圖像的暖身練習

演練：閱讀是建立理解的一種方式，演練是更加直接的方式，運用圖像時，你需要相信自己的直覺，並增加自己使用的經驗。當你看到附圖時，可先蓋住文字說明，練習天馬行空的想像，用一份好奇、「體會」的心情，感受一下文字內容，跟你當下詮釋的有什麼差異，因為每個人都是如此不同，這份屬於你的直覺力，是很珍貴的差異。

暫停：善用文章的插圖，略去文字是什麼感覺？這張圖片對你有什麼意義？給自己一、兩分鐘好好看這張圖片，不要對自己的詮釋給予任何評價，只要允許這些感覺出現。這些描述將有助於培養圖像表達的直覺力。

放鬆，有助於我們與潛意識連結，擴展生命經驗，並準備好與對方同行和互動；演練，能讓我們熟悉引導過程，增加對圖像的詮釋經驗；暫停，讓我們有機會中止自動反應的模式，回到當下與孩子的互動中；體會，提醒我們不急著判斷，先換位感覺。在圖像的情境中，自己是否有新的覺察與收穫？借位思考後，對這個情境的感受是否有所不同？

即使是第一次使用圖像，只要能掌握「暫停」、「放鬆」的口訣，以一份好奇心，正向開放、不評價的態度對圖像進行「演練」，持續探索，相信你一定會慢慢累積出自己的「體會」，對於圖像的使用愈來愈得心應手。

歡迎讀者多使用書中所附的圖示，並在閱讀時偶爾暫停下來，再次思考所閱讀文字的意涵，讓文字、圖示相互詮釋

的過程，帶來不同的啟發與樂趣。也可應用圖 21 提供的圖像記錄格式，從一天的開始運用圖像來連結潛意識、豐富生活，並在一天的結尾，運用生活中的事件與圖像進行對話。這種從生活中經驗的學習，會有更深刻的體會。

本書的「Tips」，包括內容的重點摘要、常見問題或案例說明，可做為章節複習，更加精緻地掌握其中重點，讓自己在運用中更容易掌握並且有跡可循。

為了便於師長使用，本書在目錄中依照孩子的各種狀況進行分類，例如探索自我、課業學習、受挫能力、面對壓力、溝通能力等，可直接翻查到狀況類別及所對應的章節。所有的工具，都建議師長先進行自我操作與練習，甚至請身邊的家人、同事一起參與、共同討論及給予回饋，使用時才會更加放鬆與得心應手。

本書盡可能涵蓋學生的各種狀況，若有尚未列入或讀者想進行討論的主題，歡迎到網站上和其他師長們進行交流。

學習，是一輩子的事，讓我們一起用圖像豐富這個學習過程，也更能了解與協助我們的孩子。

現在，讓我們一起進入視覺化溝通的世界！

---

1 黃士鈞（2012），《生涯規劃全系列卡片帶領手冊》，台中市：健康卡片發明家。

2 陳盈君（2013），《OH！圖卡完全使用手冊》，台中市：左西心創意。

3 「圖像視界」臉書社團：https://www.facebook.com/4aspace。

05

如何運用圖像
了解孩子

　　在我工作的地方，布置了一棵療心樹。這棵像是壁貼的樹上，掛著三、四十張色彩繽紛的護貝圖片，每張圖片後面都有一些簡短、正向的句子。經常孩子們一進到輔導室，就會先自動走到樹下，尋找自己有感覺的圖片，然後嘰嘰喳喳地討論著。我很喜歡看孩子們三三兩兩坐在樹下，分享彼此看到的圖片及句子對他的啟發，聽著他們的笑聲和彼此的捉弄，真覺得是辦公室裡最美的風景！

　　有時候，他們對圖片有不同的見解，或是文字和自己現在的狀況連不起來，就會自動自發跑來找我，一起討論圖片對他的感覺。這時候，孩子臉上充滿著信任，以及希望被理解的渴望，讓我對他生活裡、情緒上發生的困難，能有直接

而具體的掌握。

　　有一次，我被一群學生包圍，有個孩子一進辦公室就被一張圖片吸引；那張圖片畫的是一個沒有接上線的座式電話。孩子一個人在圖片前佇立許久，直到上課還沒有回教室的意思。

　　當上課鐘響，我趕孩子們回教室，才發現眼眶紅紅的他，於是把他留下來，問他發生了什麼事，結果他就哭了出來。我才知道因為父母吵架，媽媽已經離家出走兩個星期，他聯絡不上媽媽，心裡有好多好多的擔心，也覺得搞不清楚狀況、有被媽媽拋下的感覺，又覺得不可以對媽媽生氣，內在有很複雜的感受；另一方面，因為覺得沒有人能幫助他，上學也沒有意思，所以不想回班上上課。

圖 10 失去聯繫的電話機

當天，我承接著他的難過，跟他一起討論心裡的擔心，鼓勵他要跟家人表達，並且一起討論如何表達的方式。過兩天，這個孩子來找我，很開心地告訴我，他跟爸爸說自己很想媽媽，想跟媽媽講話，也希望媽媽回來。

之後，爸爸、媽媽和他終於有了一次好好的對話，他知道自己有被父母考慮到，也從父母各自的角度去了解家裡發生的事情。現在他覺得那支電話的電線已經接起來了，更知道爸爸、媽媽考慮的是什麼，而不是只感覺到媽媽突然不見那份被拋下的難過。雖然媽媽還是沒回家，但是他現在知道那是大人的狀況，並不是他不好。

對這個孩子來說，突然間看到的一張圖片，不但讓他跟自己的情緒連上線，也讓我有機會與他同步，了解在他平靜外表下，內心的澎湃與衝擊；並且能夠適時地關懷與協助，一起釐清他被卡住的情緒，共同找到面對家庭事件的方式。即使最後的結果並不如他最初的預期，但是經過討論後，他知道自己在父母的心目中還是重要的，也能夠在過程中向父母溝通他自己的想法。

圖像對我們而言並不陌生，也可以說，那是我們與生俱來就會使用的工具。醫學博士亞歷山大‧洛伊德（Alexander Loyd）及班‧強生（Ben Johnson）（2012）[1] 在《療癒密碼》一書中就提出：「我們做的每一件事，都會先在腦中形成影像，每個念頭都是影像，影像就是心的語言。」

例如有人做了一個夢：「有人幫我開門，門自動開了，外面是黑的空間，然後我就出去，一直走出門去。」聽到這個夢境，我們的大腦就開始理解與詮釋。當腦中的畫面形塑之後，會勾動我們曾經有過的內在經驗，然後依照曾經有過的經驗、感受開始判斷——那個畫面好噁心喲，或是感覺到外面有陣陣陰風吹來……。如果現在我感冒了，可能就會因為自己的擔心，覺得別人也要感冒了，開始投射我們內在曾經對這個經驗的感受。若是你正想實踐一個計畫，自己可能就會詮釋成：應該開始行動了。若有人曾經被自動門夾住，也可能會呈現出他的擔心。

　　當我們腦袋中有這些圖像形成時，也會同時帶動內在相關的經驗。語言本身是一個非常局限的工具，使用時不僅受限於彼此有過的經驗與感受，還必須學習過這個詞彙，才能用來理解與表達。

　　但是，在現實生活中，我們常是百感交集的，不是嗎？

　　一個人眼眶含淚，就表示他一定很難過嗎？其實不然，他可能是笑中帶淚。所以語言說的「一」，可能同時漏了另外的「九十九」。如果我們一直只用語言來跟孩子工作，可能會錯過許多豐富的可能性。

　　師長的角色經常站在孩子的對面，「教導」他們應該如何做、如何看、如何讀、如何想。回想我們自己的青少年時期，對於這些直接的教導常常不知所以然，一條條規矩常會

有意無意地忘記，甚至對大人莫名的憤怒或是覺得不被了解，然後慢慢地，大人這國跟小孩那國，距離愈來愈遙遠。

在實務經驗裡，許多家長會跑來告訴我，孩子「突然」就變了，不再跟他們講話，都不知道孩子在想什麼。孩子會這樣說變就變有很多原因，可能因為一個具體事件、孩子對自己感到疑惑、開始尋找回應他人期待的方式、對與他人的互動方式有意見，卻又不知道如何回應比較好。

當青少年開始有力量，在摸索自己的方向、尋找對自己認同的過程中，反對大人的意見經常是最直接的反應方式。

圖 11 失去意義的語言

於是，這遙遠的兩國開始從遙遠變成不再連結，師長們也可能錯失青少年在摸索過程中，認識自己、培養思考與解決問題能力的時機。

　　如果使用圖像，自由度將會寬廣很多。我們在談話時的角色，透過對圖像、對孩子的好奇心，就完全不一樣了。我們可以**從師長、家長的身分跳脫出來，站在孩子的旁邊，從他的眼光去看世界，不設限、不批評，三百六十度去看可以發生些什麼，以他的觀點、邏輯，用開放、欣賞和創意的態度，跟他一起找出新的可能性。**

圖12 用孩子的視角，三百六十度看世界

從這些圖像裡，三百六十度去看，孩子現在正在發生什麼事，你們之間的互動又會如何地不同。在這個過程中，我們不但可以了解孩子更多，也能運用這種客觀性和探索的空間，跟孩子建立更深的連結。

　　這份相互激盪、多元、不設限的可能性，使得運用圖像跟孩子一起工作，變得非常有創意與價值。

1、用圖像建立初步關係

　　圖像在生活中到處存在，可以就地取材。

　　我曾經遇到一個腸躁症的孩子，他很在意自己各科的表現，成績也一直名列前茅。但是他真的很辛苦，只要在考試或類似考試的安靜環境中，就會非常緊張，會一直跑廁所，有時一天二、三十次，甚至無法走出廁所上學，非常辛苦。

　　跟他談話時，我會選擇像是散步、聊天，跟他在校園裡走，這時就地取材的是校園裡的樹。他喜歡看校園裡大大小小的樹，讓他說為什麼喜歡那棵樹，藉由描述他喜歡的，暫時脫離緊張的感覺，甚至忘記他在向我描述，從這之中就能看到當下圖像對他產生的影響。後來我們把樹當成他的好朋友，當他在課堂中覺得緊張時，感覺一下樹的挺拔與保護，好讓自己有安全感。

當我們聽到語言，其實是在腦袋中先形塑出畫面才能理解。當師長們在做教學內容設計時，簡報內容、版面圖文比例也是圖像的一部分，這些圖像式內容也是很重要的。所以在我們的教學與生活裡，圖像早已是每天都會使用的工具。

視覺刺激　　擷取訊息　　大腦活化　　訊息處理　　理解組織　　語言回應

圖 13 訊息處理過程

　　我們也可以運用已經設計好、豐富多彩的圖畫。因為很多時候見孩子的時間只有五十分鐘，等他擺好陣仗、畫完，會談也快要結束了。在時間有限的情況下，運用豐富多彩的圖卡，像抓週一樣，看他們每個拿起來玩一玩，然後為自己做出選擇。有的人對簡單的線條有興趣、有的人對複雜的有興趣、有的人對象徵比較多的圖像特別感興趣……。過程中，你不用等他抽什麼圖卡，從他開始對圖卡好奇，就已經用很自然的方式跟你建立關係了。

2、使用圖像工具的特色

　　透過了解孩子的思考方式：他是先看全局呢？還是很謹

慎，每一套牌、每一張都要看過，怕做錯的那一種？還是大剌剌地，只要看到桌上有牌就全部混在一起，和稀泥那一型？或是一定要徵得師長的同意才會去拿桌上的牌卡，他給自己的允許有多少……。每個孩子都不一樣，透過過程中對於「注意力」的選擇與行為觀察，師長們對孩子已經有了許多訊息，可在後續會談中進一步跟孩子探討。

在過程當中，從一開始的建立關係，到對行為的觀察，都是非常重要的部分。當你運用豐富多彩的圖像組成一個抓週集合體，就會看到孩子在當中展現許多特質。當然你也可以用孩子看到的圖像元素來跟他討論，例如他看到「槌子」，特別害怕，覺得噁心，可能跟他的經驗有關。比如他曾經被槌子打過，或是拿槌子去做什麼事而有不好的結果，

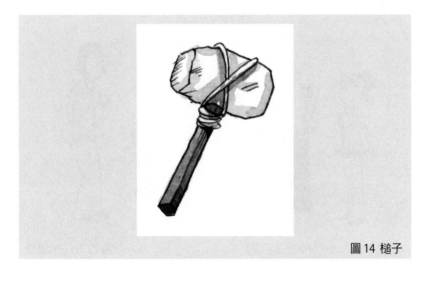

圖 14 槌子

你可以從中了解很多事。

　　運用圖卡，並不是要尋找一個明確的答案，而是使它成為一座橋樑，讓我們有一張前往孩子世界的門票，以他的視角去理解他所面臨的問題，和他展開一場新的探索。這個探索的重點，在於打開更多的可能性。

Tips 運用圖像，重點在於拓展彼此的創意與可能性，所以請師長們先放下自己的評價與主觀。例如，若孩子很高興地選擇「槌子」，並且想用它去搥人，不等於這個孩子就有暴力傾向，可能只是內在有一股憤怒，希望表

圖 15 槌子的聯想

達出來。特別當孩子說的和師長的價值觀不同時，師長能夠繼續「傾聽」、「接納」、「不批判」，其實是很大的挑戰，也是建立信任很重要的一步。

運用圖像的元素有時只是運用其中的顏色、線條，或是孩子所提到的任何象徵，這些元素通常都有其意義，不要輕易錯過。讓他盡量說，在會談中可以盡情表達，這種安全感是建立關係與信任很重要的一環。

師長也可以讓孩子自由聯想，例如，畫的這個色塊像什麼？有時他們會說出讓人很噴淚的描述。在閱讀下文之前，請先來試試，你從圖 16 看到了什麼？

圖 16 大便冰淇淋

圖 16 裡，孩子畫出一圈圈往上的形狀，我猜他畫的是「冰淇淋」，他說不是，他畫的是「大便」，然後又說是「大便口味的冰淇淋」。他覺得自己很棒，因為他的描述涵括了自己跟師長。從此你就知道他是個想照顧別人感覺的孩子，所以在答案中除了自己，也包含了別人的描述，真是個貼心的孩子。

　　另一個孩子指著卡片裡飄在天空中的雲，我好奇地問他：「這朵雲代表什麼呢？」他說是他的情緒。大人看到用雲來描述情緒，第一個想到的可能是烏雲罩頂、看不清楚、遮住陽光，但是這個孩子說：「我看那朵雲很漂亮，我最喜歡看的就是雲！」我才知道，原來他對雲有很好的感覺。

圖 17 讓人各自想像的雲彩

盡量讓他說，即使只是一些色塊。我們並不是要參加畫圖比賽，所以不需要畫得多好，也不需要正確，圖像沒有標準答案，最重要的是帶著一份好奇心去探索，只要對孩子成立，就是最大的意義。

　　當孩子畫了一隻大象，不需要去糾正他：「你這隻大象少了尾巴」、「大象的鼻子應該是長的」，完全都不需要。用他所理解的世界，他在這個完成的過程中就會有成就感，並且明白這個大人是懂得他、接受他的。在這個關係裡沒有什麼需要緊張的。

圖 18 沒有標準答案的無尾象

　　使用圖像時，只要經營好夠安全的關係，孩子常常是更有想像力、更自由奔放的。有個孩子很不滿意考試的結果讓

他進到這所學校，在第一次會談時跟我說，他知道自己會很多、能力很好，未來的志願是考進台大，真不知道為什麼分發到現在的學校，他不能接受，覺得自己失敗透了。然後，他選了一張卡片，是一顆在土裡的種子。他大吃一驚，認為完全表達出自己鬱悶的感覺，孩子形容當時就像是被埋在五層樓深的土裡快要窒息的種子。

我陪著他那個鬱悶不解的感受，也回饋他我所看到種子的潛力，以及周圍豐饒的土壤，問他有什麼感覺？孩子一邊敘說他對自己的挫折、氣憤，注意力也慢慢轉移到地面上的景物，以及圖片中的可能性。會談結束前我詢問他，現在還

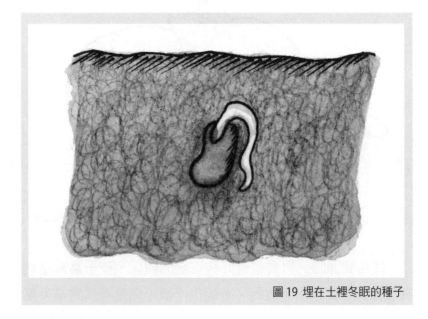

圖 19 埋在土裡冬眠的種子

氣嗎？他說還氣，但是他感覺現在就像是種子在冬眠，等春天到了就會慢慢發芽，繼續成長。

在後續會談中，我們持續以這個圖像為基礎，找尋他在就讀期間的學涯規劃，以及他對自己成長的期待，現在他已經是一個破土而出，很有信心與想法的高三學生。

3、運用圖像時的小提醒

使用圖像媒材也有其限制。理解圖像的運作與邏輯思維有關，若對象被判斷有精神疾患，有幻聽、幻覺的狀況，由於較難與當事人進行具象的討論，使用圖像時可能會因為太過延伸想像而有潛在風險。

此外，在談話中使用圖像，跟命理、算命是沒有關係的。我們只是運用圖像做為客觀的媒材，幫助操作者用一種輕鬆、開放的態度，來進行內在的探索。

由於圖像是透過個人的視野所看到、所詮釋、所感受到的世界，請師長不需要局限在有紙有筆、有畫有卡片，才叫圖像。

使用圖像要以孩子的最大利益做考量，若是孩子對視覺並沒有特別的感受，可以先說個跟他的狀況比較有關的故事，看看其中是否有些片段能帶動他，而不要強迫他使用沒

有感覺的圖像媒材。這些都是師長們需要特別注意的地方。

　　透過師長自己創造力的解放，不但能讓大腦聯想與創意更加活化，也能豐富我們對圖像的詮釋與理解。

　　從圖 14 到圖 19 中，你看到了什麼呢？

Tips 運用圖像與孩子建立關係的十大祕訣：

1. 自然引發孩子探索的好奇心。
2. 親師生帶著好玩的心情參與。
3. 不急著挑選圖卡或做出結論。
4. 看圖卡的過程中多聽孩子說。
5. 尊重孩子的特質及主觀詮釋。
6. 圖像詮釋並不需要合乎邏輯。
7. 對孩子說的內容不給予評價。
8. 先從一張圖像開始進行探索。
9. 對圖像的詮釋，沒有好壞優劣的分別。
10. 不評價的開放態度，是建立關係的關鍵。

1 Loyd, Alexander and Johnson, Ben（2012），張琇雲譯，《療癒密碼：探萬病之源，見證遍布五大洲的自癒療法》，台北市：方智，2012 年 5 月。

第二部

實 務 篇

了解，是溝通裡最重要的基礎。
圖像工具提供一個涵容的空間，
在這裡，不只有父母、師長或小孩、學生的角色，
而是兩個心靈在進行平等的對話。

06

圖卡工具介紹

　　在發展理論中，介於國、高中的學生，具有探索自我的重要發展任務，核心任務在於認識自己。艾瑞克森（Erik Erikson）的發展理論認為，發展是一生的事情，並將人一生的發展階段分為八個時期，每個階段都有重要的危機與任務待解決，也有一個核心議題。在青少年階段的學生，處於其中第五個「統整與角色混淆階段」，「我是誰？」是青少年階段的核心議題。為了尋找自我定位，青少年會將注意力轉向同儕，並希望透過嘗試生活中的不同角色，重新界定從兒童時期逐漸發展建立的自我，形成新的自我感與自我認定。

　　薩柏（Donald Super）則將生涯發展階段分成成長期、探索期、建立期、維持期、衰退期五個階段。十四歲以前的

學生屬於成長期，只以自己的喜好做為選擇因素。十五歲以後的學生開始進入探索期，會考慮自己的興趣、能力、價值觀和角色，在學校活動和打工經驗當中進行探索。

不論從自我認識到生涯發展，從生活教育、學習輔導、生涯發展等角度而言，國、高中階段的學生都同時面臨形塑自我感、價值觀建立、嘗試與調整的重要階段。因此，本書針對「生活教育」、「學習輔導」、「生涯發展」的需求，結合生命教育、人際溝通、自我探索等二十五個案例，特別設計三套圖像式工具，師長可彈性運用在學生的日常輔導或班級經營中。

本章將分別介紹「鼓舞卡」、「天賦卡」、「互動卡」三套圖像工具的相關理論、適用場景、設計概念等資訊。第七到十二章則以此三套卡片為主軸，搭配學生探索自我、課業學習、受挫能力、面對壓力、溝通能力等五大主軸，以案例方式逐一說明。師長可以在附錄一中找到三份學習單，將圖卡融入在國、高中的課程中。

表6-1 **圖像學習單說明**

	主題	使用卡片
活動一	自我介紹	鼓舞卡
活動二	我的特質地圖	天賦卡
活動三	說出心裡話	互動卡

1、鼓舞卡

　　美國賓州大學心理學系教授馬丁‧賽利格曼（Martin E.P. Seligman）長期研究悲觀者與樂觀者，被稱為正向心理學之父。他在《學習樂觀‧樂觀學習》一書中提到：「一個人的無助感和悲觀以及希望感與樂觀，都可藉由學習而養成。」（Martin E. P. Seligman, 2009）[1]

　　在每天的生活裡，我們總會面臨不同的挑戰，對每件事情總是可以選擇「傷到」或「學到」。如果選擇「傷到」的角度，是將自己放在比較被動、受害者的位置，看到事件的無奈與自己的不得不，兩手一攤充滿許多無可奈何。事件成為一個被動、針對性的發生，長期下來會累積許多情緒與心理的壓力，進而阻礙成長。但如果選擇「學到」的角度，就有機會看到自己在事件裡學習的課題，看到更多可能性。自己成為在事件中學習的主體，看見事件的意義與價值，事件就有機會成為有意義的發生，成為轉化與前進的起點。

　　鼓舞卡的設計，是為了支持學生在成長過程裡，免不了要面對壓力、挫折、不如意甚至失敗的經驗。這時，心理素質的鍛鍊與成熟，將有助於學生在面對上述經驗時，能有較強的自我復原能力。學習從事件中看到正向的意義感，有助於提升學生的心理韌性，轉化挫折經驗，並從不同的角度學習正向的價值。

鼓舞卡的設計以正向心理學（Positive Psychology）為基礎。正向心理學起源於 1980 年代，強調人在面對挑戰或挫折時，可以從不同觀點切入，找到新的平衡點，不斷改變思維，尋找自己的優點和潛能，強化正向力量面對挑戰（王沂釗，2005）。可說是對 1980 年代以前，傳統心理學以病理為中心的反思，也是近年來心理學發展的新趨勢。

表 6-2 **正向心理學與傳統心理學的比較（王沂釗，2005）**[2]

	正向心理學	傳統心理學
中心思想	著重全人發展	以問題為中心
對人假設	個人、群體和社會充滿生機和希望	人會產生問題和被動
介入焦點	提倡在正面和負面間取得平衡，重研究、分析和找尋人類的優點與潛能	著重研究和強調如何解決或減少問題
弱點	很多概念與理論仍在研究階段，有待證明和發展	忽略發掘人的潛能、優點和防禦能力，較難持久面對將來的挑戰

賽利格曼在 1998 年接任美國心理學會（American Psychological Association, APA）主席後，和奇克森特米海伊（M. Csidszentmihalyi）共同提出「正向心理學」的概念，轉而重視個人樂觀、正向情緒、正向意義及內在動機等特質（沈碩彬，2008:4），[3] 其中三大中心主題，分別是正向情

緒、正向特質與正向組織。郭淑珍老師認為，[4] 三大主題彼此的交集，可以運用在學生的情緒、學習態度、學習方法和學習環境上，提升學生自信及能力，促進學習效率。

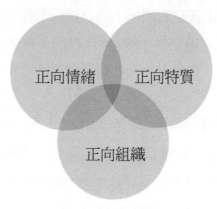

圖 20 正向心理學的內涵（郭淑珍，2010）

黃俊傑老師提出，[5] 正向心理學有助於提供正向環境，提供學生正向經驗，發展正向特質。即使學生遭遇挫折，若是能從錯誤中學習，學生的挫折容忍力將會逐漸增進，有助於日後面對人生的各種挑戰。

唐淑華教授（2010）[6] 認為，師長需要提供輸、贏以外的第三種選擇，及早培養學生面對挫折的調適與因應能力，以協助學生面對人生的種種挑戰。包括充實（Enrich）學生學習經驗，加強（Enable）學生各種基本能力與學習表現，以及賦能（Empower），讓學生有足夠的心理強度與韌性去面對各種挫折與挑戰。

■使用圖卡的情境

鼓舞卡以賦能的角度出發，提供孩子對事件與錯誤狀態下正向詮釋的經驗，以視覺方式強化孩子認知的選擇、學習的潛力與選擇的多元性。特別適合態度類的潛移默化，也適合用來進行生活輔導、生涯輔導等。

結合正向心理學三大中心主題，使用鼓舞卡強調正向情緒的引導詮釋、圖像中正向特質的描述，可以讓孩子逐漸建立與培養正向的情緒及特質。

■圖卡設計概念

內容：六十四張圖卡、一張「陽光週記」。

正面元素：圖卡正面以全彩圖像設計，去除文字的暗示性，給學生自行詮釋其選擇的最大空間，進行主動式的意義投射與自由聯想。透過圖像，從不同角度呈現事件的脈絡與可能的正向意義。

背面元素：圖卡反面元素包括：「縮圖」、「關鍵字」、「賦能語句」三項設計。

「縮圖」擷取局部正面圖像進行重點呈現。「關鍵字」是正向文字的關鍵重點，用以加深學生印象。「賦能語句」提供積極態度的語意，做為正面圖像意義的延伸，並以中英文並列的方式，擴充學生的語感。

縮圖

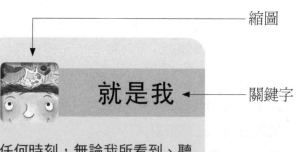

就是我 ◄─── 關鍵字

任何時刻，無論我所看到、聽到、所說、所做、所想或所感覺的，那都是我。

Any time, regardless of what I see, hear, say, do, think or perceive, that is me.

賦能語句

配件：每套圖卡都有一份配件，便於圖卡操作時使用，鼓舞卡的配件是「陽光週記」。

師長可以將圖卡放在中間，周圍有七個圓圈圍繞著。圓圈當中分列兩行字（分別是星期一到星期日；關鍵字、顏色、物件、象徵、聯想、提醒、命名等字樣），代表兩種使用方式。師長操作時一次選擇一種方式進行即可。

圖 21 陽光週記

方式一：陽光週記

1. 這星期裡每天找個時間，為自己挑選一張鼓舞卡，記錄在這張紙上。

2. 先感受一下，今天選到的圖卡有沒有吸引自己注意力的地方，有沒有什麼地方讓你特別有感受。

3. 將圖卡反過來，放在附件中央的圓裡，將圖卡背面的話語記錄在今天對應的星期中。

4. 一週結束時，請給自己一小段時間，將這星期選到的每張圖卡放到每一天的圓圈旁邊，現在你會同時看到這一星期自己所選的所有圖卡，給自己半小時的時間，自由寫下當時自己所有的感受與聯想。

5. 為過去的這個星期留下一個註記、一個名詞、一段話，或是一個關鍵字，將它們寫在中央。

方式二：生命的禮物

1. 給自己一段不受干擾的時間，為自己挑選一張圖卡。

2. 將選到的圖卡放在中央的圓裡，觀察一下，圖卡中是否有些特別吸引你注意力的地方，例如某些顏色、物件、象徵、聯想，將它們寫在對應的圓圈中；如果對你有些提醒，請寫在提醒區塊裡。

3. 給自己充分的時間，自由從容、放鬆地進行聯想，如果想要更輕鬆一些，可以同時放一些舒緩的音樂。

4. 當你結束觀察，請翻面將關鍵字寫下來，或是將剛才聯想中最有感覺的一句話語、一個字詞，寫在中央圓圈裡。

ㄥ、天賦卡

傳統的智力測驗，藉由標準化施測流程，比對已建立的常模，能快速了解受試者的智力水準，具有操作簡便、客觀的優點。但也因為這種特性，測驗題目著重採用能標準化、量化的數據進行統一的描述與解釋，較常關注受試者的語文能力與邏輯能力，個體特質因較難被量化衡量，其他才能就可能被低估。

1983 年，美國哈佛大學的心理學家霍華德‧加德納（Howard Gardner）在《發現 7 種 IQ》（*Frames of Mind : The Theory of Multiple Intelligences*）一書提出多元智能理論，認為：「一個人的智力是指在特定文化情境或社群中，從實際生活發展出的解決問題能力」。理論提出初期，加德納教授提出七種智能，經過長期研究之後，在 1983 年新加入第八種自然智能。這八種智能分別是：語文能力、邏輯數學、空間視覺、人際能力、內省能力、音樂能力、肢體動覺與自然觀察。每個人都擁有一套獨特的智力組合系統，透過這八種智能的組合，幾乎可以解釋所有人類的能力。

智能所指的能力不等於領域的能力，進行不同活動時，會喚起不同智能或智能的組合。例如：音樂表演能力就牽涉多種智能，而不只是音樂智能。某一種能力的缺乏，可以運用其他能力進行補足。「例如：空間智能有助於幾何及其他學科的學習，但是空間智能較弱的學生仍然可以不同的方式進行幾何學習」（Howard Gardner, 2008）。[7] 師長在教育時的挑戰，就是面對孩子不同心智狀態的獨特組型，教孩子找到他的優勢方法來學習並了解不同的原理、現象，讓他們發現學習興趣，提升學習上的成就感。

　　多元智能中的語文能力、邏輯數學、音樂能力、空間視覺、肢體動覺等五項，屬於學業智能，特別是語文智能與邏輯數學較強的學生，在學科課業學習上占有較多優勢，而內省能力、人際能力與自然觀察三者則屬於社會智能。2015年，加德納提出孩子在二十一世紀最需要具備的四種關鍵能力，分別是：解決重要問題、問出好問題、創造有趣的作品、可以和同儕相互合作，[8] 更顯示出學科能力以外，社會智能的重要性。

　　八種智能的內涵，分別是：

　　一、語文能力：指能夠運用口頭語言或書寫文字，結合語言的結構、發音、意義等知識，進行有效表達的能力。

　　語文強項的人，適合運用文字與表達的方式進行學習、就讀相關科系，生涯選擇時適合考慮記者、教師、律師、編

輯等學習與職業方向。

二、邏輯數學：包括提出假設、解決問題的能力及運用數字與推理的能力，和語言能力構成傳統智力測驗的基礎。

邏輯數學強項的人，適合課前預習、思考與推理答案的學習方式，生涯選擇時可以考慮會計、電腦工程師、法官、警察等方向。

三、空間視覺：包括方向感、感覺並表達出視覺空間的能力，或是富有想像力，對運用色彩、線條、體積、平衡、對稱、明暗所具有的表現能力。

空間視覺能力強的人，適合運用色彩、形狀、空間、線條等方式整理所學課程。生涯選擇時可考慮飛行員、司機、導遊等學習與職業方向。

四、人際能力：人群中感覺舒適自在，對別人的情緒、表情、聲音、動作的感受敏銳。能夠辨別人際互動中的暗示，並做出適當回應。

人際能力強的人，學習時適合運用小組討論的方式設定議題，共同討論。生涯選擇時可考慮心理輔導、公關、外交、行政等需要組織、聯繫、協調的工作。

五、內省能力：包括對自己的情緒、動機、喜好、優缺點有相當的了解，會花時間探索自己的感受，想要了解自己，生活自律，喜歡獨立工作，個人色彩較為強烈。

內省能力強的人，可以找安靜的地方念書，考前自己規

劃複習進度，按部就班複習。生涯選擇上可考慮能自己設定的目標，依據自己步調規劃完成的工作類別，例如獨立接案的工作者、評論家、學者等工作方向。

六、音樂能力：包括對音樂有所感受，能正確地演奏、唱出音律，或有能力進行音樂創作。

音樂能力強的人，適合在學習時加入音律、節奏的因素，讓學習過程變得豐富，也增加未來提取記憶時的脈絡。生涯選擇時可考慮音樂科系、表演藝術等相關領域。

七、肢體動覺：肢體動覺能力強的人擅長運動，能用雙手操作物品、製作器物，或運用肢體語言表達想法和感覺。

學習時可運用動手操作、動筆寫字的方式，增加學習過程中實際操作的經驗。生涯選擇時可考慮運動員、體育老師、教練等工作。

八、自然觀察：對自然（包括植物、動物、礦物、天文）領域的興趣，具有敏銳的觀察與辨識能力。

自然觀察能力強的人，在學習上可透過操作或觀察，分類歸納所學內容。生涯選擇時可考慮農人、生態保育員、獸醫、地質學家、天文學家等類型。

■使用圖卡的情境

天賦卡以多元智能的概念為骨幹，透過孩子自主性、無價值評斷的選擇，提供操作探索的空間，探討孩子在八大智

能向度上的能力分布。特質只有強弱，沒有好壞之分，適合用來協助孩子進行自我認識、生涯探索、學習輔導等。

師長在操作時，若能使用頻譜的概念看待，運用八大特質的分布了解孩子的特長強項，適性引導，在過程中就能更了解孩子、欣賞孩子，也能培養孩子客觀認識自己的效果。

■圖卡設計概念

內容：六十四張圖卡、一張「特質雷達圖」。

正面元素：圖卡正面共八種顏色各八張，每種顏色代表一種特質能力。天賦卡正面以全彩圖像設計，去除文字的暗示性，讓孩子自由選擇，進行主動式的意義投射與自由聯想。施測時，師長不必提示顏色的意涵，可從過程的陪伴中，了解孩子對事件的觀察能力、表達能力與歸納能力。

背面元素：包括「特質圖畫」、「特質文字」兩項設計。不同特質使用不同底色，顏色代表的特質能力與圖卡正面的顏色呼應，便於師長和孩子就挑選結果進行討論。背面的「特質圖畫」呈現特質狀態，結合「特質文字」的描述，使用時，師長可觀察孩子的描述裡，是以圖像或文字做為訊息處理的主要來源。

配件：天賦卡的配件是「特質雷達圖」。

1. 師長不需要特別提示，由孩子自行看圖卡，依照自己的標準與直覺挑選出喜歡的卡片。

特質
圖畫

特質
文字

我喜歡閱讀文章、課外書籍或小說。

2. 在沒有暗示的情況下，讓孩子自由挑選喜歡的圖卡，並統計各色圖卡的數量。

3. 依照各色圖卡的數量，標記在特質雷達圖的座標軸上，並將各點相連成一張雷達圖。

4. 完成後，請師長公布各種顏色對應的特質，並和孩子共同討論特質能力的內容與應用特質的方式。

圖 22 特質雷達圖

藍色 （語文能力）	粉橘色 （邏輯數學）	紫色 （空間視覺）	黃色 （肢體動覺）
橘色 （音樂能力）	粉紅色 （人際能力）	淺褐色 （內省能力）	綠色 （自然觀察）

5. 請師長特別強調，特質只是每個人強弱項的差異，並沒有優劣的區別。若有時間，可和孩子就挑選的圖卡進行討論，看看在學習方式或生涯方向上有哪些新發現或可嘗試的方法。

3、互動卡

在現代社會裡，沒有人能脫離他人獨立存活。從孩子呱呱墜地開始，就成長在父親、母親與孩子的三人世界裡，成為家庭系統的一員。在家庭裡，父母不但照顧孩子的安全，同時也會訂定規條，孩子在其中逐漸養成人格，並學習適應社會的方式。在學校裡，師長不但教導學科知識，同時也有各種規範與標準，指導孩子在校的行為規則。慢慢地，孩子逐漸發展出運用規條做為衡量外在世界的方式。

國、高中年紀的青少年，開始脫離兒童時期的天真爛漫，踏上尋求自我獨立的起點，這個階段的孩子面對身心大幅度的變化，對生命提出疑問，也開始思考存在的意義。他

們一方面對外在世界的要求不甚滿意，一方面又對自己想要的有所疑惑，對師長的管教，也逐漸發展出自己的評價與因應方式。此階段的孩子，以發展自我認同和重視同儕友伴關係為最主要的任務，非常重視同學的看法，嘗試在社會角色中定義自己。因此，發展具備彈性的溝通方式，對這個階段的孩子極為重要，也是形成孩子與他人溝通認知的基礎。

在薩提爾模式（Satir Model）中，維吉尼亞·薩提爾（Virginia Satir）女士認為，每個人都是唯一而獨特的存在，只要知道自己可以有哪些「選擇」，每個人都是可以改變的，每個事件都是改變與成長的契機。[9]

如果孩子能透過發生的事件，跟事件中自己的內在歷程連結，就有機會更加了解自己的因應行為，並在連結過程中逐漸培養出尊重自己跟他人的選擇，並發揮其原本具有的內在潛能。

陳安琪的研究（2013）認為，[10] 薩提爾模式的人際溝通，有助於高中階段的孩子增加對自我的認識。郭靜晃教授（2006）則提出：「青年階段之同儕互動具有情感支持、行為楷模、增進正向行為和同儕互教等功能。」[11] 如果孩子在國、高中時期，無法在人際溝通上採取有效策略，情感支持與學業學習可能就會受到影響，甚至影響到對自己的概念與自信心的養成。

在溝通中，有些人只在意對方，一味地討好他人；有些

人則只在意自己，用高高在上的方式指責別人的不是；有些人則是只在意情境，冷靜理性到近乎不通人情。這些反應有時並非與生俱來，而是孩子在生長過程中，從家庭、學校環境裡潛移默化學習而來。長期下來，逐漸形成面對事件時比較沒有彈性的自動化回應。

當衝突情境出現，正是孩子學習與成長的機會。對於已經發生的事件，在情（情緒感受）、理（思維想法）、法（校規法條）的脈絡之外，師長也可以預先透過情境的引導，讓孩子探索自己的價值觀。師長面對事件時的思維、情緒與回應方式是一種經驗的示範，孩子在過程中對採取的策略和行動的成果，也會產生新的感受和內化的經驗，並且可能會在下一次事件發生時，影響他做出新的策略，漸次增強後，形成新的回應方式。能在國、高中時期幫助孩子找到和自己、和他人溝通的彈性，對孩子來說，是在學校時期非常重要的成長與學習。

■ 使用圖卡的情境

互動卡的設計是以薩提爾模式的概念為骨幹，透過日常事件，讓孩子學習溝通「自己」與「他人」觀點與想法的差異，並且可運用不同「場景」做為練習的背景。適合用來輔助孩子的生活輔導，例如釐清自我價值、促進自我覺察、發展有效的人際溝通技巧、溝通換位思考、同理訓練使用。

在操作時，師長可共同參與，擔任「他人」的角色，給予孩子回饋。也可讓孩子自行操作，了解自己在溝通時容易出現的盲點，並進行換位思考，繼而找到可以調整的方向。

■圖卡設計概念

內容：四十八張溝通圖卡、十六張情境圖卡、一張「說出心裡話」。

正面元素：圖卡正面皆為全圖像設計，去除文字暗示，使用時可先選與溝通狀態相似的圖片，進行內在情緒、感受的詮釋與聯想。互動卡由「自己」、「他人」、「情境」三大部分組成，張數如下表：

	自己組	他人組	情境組
內容（張數）	粉紅色（10張） 鵝黃色（10張） 粉橘色（4張）	淡藍色（10張） 淡綠色（10張） 翠綠色（4張）	學校情境（8張） 職場情境（8張）

使用時，師長可先與孩子就問題狀況進行初步釐清，在過程中觀察孩子使用圖卡時主動投射出的情緒與想法。釐清的重點不在於反應的對錯，而是著重於讓孩子充分探索其內在的觀點、感受與期待。

在適當時間點，師長也可邀請孩子感受一下溝通中的「對方」，探討對方可能會有什麼樣的情緒、想法或期待。進一步了解孩子的溝通行為下想表達的內涵，與溝通時容易

107

觸發其情緒的狀況。

情境圖卡分為學校情境與職場情境兩種，師長可將其做為生活教育或模擬職場互動場景，以及學生溝通情境練習時的背景。

背面元素：包括：「溝通圖畫」、「溝通文字」兩項設計。不同特質使用不同底色，便於師長和孩子就挑選結果進行討論。使用時，師長也可觀察孩子的描述裡，是以圖像或文字做為訊息處理的主要來源。

不同顏色分別代表感覺、認為、期待三種不同的溝通方向。當只有一個人使用時，同類別圖卡可以混合使用，例如粉紅色、淡藍色的文字皆為「感覺類型」；鵝黃色、淡綠色的文字皆為「認知類型」；粉橘色、翠綠色的文字皆為「期待類型」。

	自己組	他人組
內容（張數）	感覺：粉紅色（10張） 認知：鵝黃色（10張） 期待：粉橘色（4張）	感覺：淡藍色（10張） 認知：淡綠色（10張） 期待：翠綠色（4張）

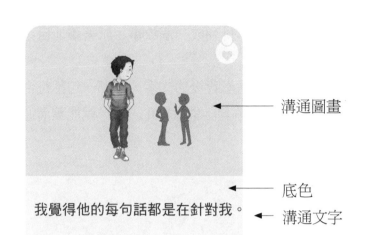

溝通圖畫

底色

我覺得他的每句話都是在針對我。 溝通文字

　　互動卡反面的「溝通圖畫」呈現溝通狀態，結合「溝通文字」的描述，並用不同的底色，便於師長操作並和孩子討論感覺、認為、期待三區塊的溝通方式。

　　配件：互動卡的配件是「說出心裡話」。

　　1.請孩子先從情境圖卡裡，挑選出一張能代表事件中溝通情境的卡片。並與孩子討論，要溝通的他人，比較像是該張情境圖卡的哪兩位人物。

　　2.將溝通圖卡中的其他卡片攤開，讓孩子在正面圖像中自由挑選自己有聯想的圖畫，師長可以用孩子挑選到的圖卡顏色進行對照觀察，了解孩子在溝通時著重的面向是感受、觀點或想法。可以請孩子在挑選過程中一邊表達他對圖畫直覺的聯想。

3.請孩子將挑選的圖卡排列成一個故事，試著讓他自己說說看。

4.將圖卡翻到背面，看看背後的文字，有哪一句話符合剛剛練習的情境。有沒有哪句話稍微轉化一下，就能讓溝通更有效呢？

圖 23 說出心裡話

---

1 Seligman, Martin E. P.（2009），《學習樂觀・樂觀學習》，台北市：遠流，2009年。

2 王沂釗（2005），〈幽谷中的曙光──正向心理學發展與希望理論在輔導上的應用〉，《教育研究月刊》，2005年6月（134期），頁106-117。

3 沈碩彬（2008），〈正向心理學在教師教學上的應用〉，《師說》，203，頁4-8。

4 郭淑珍（2010），〈正向心理學的意涵與學習上的應用〉，《銘傳教育電子期刊》，2，頁56-72。

5 黃俊傑（2008），〈心理學典範：正向心理學〉，《國教之友》，50（2），頁58-65。

6 唐淑華（2010），《從希望感模式論學業挫折之調適與因應：正向心理學提供的「第三種選擇」》，台北市：心理出版社，2010年10月。

7 Gardner, Howard (2008)，《多元智能》，台北市：五南，2008年。

8 陳雅慧（2015），「多元智能之父」加德納：未來人才，必備四大關鍵能力，《親子天下》雜誌，2015年4月15日。http://www.cw.com.tw/article/article.action?id=5066859#sthash.ifMQxWkv.dpuf。

9 Virginia Satir, John Banmen, Jane Gerber & Maria Gomori（1998），《薩提爾的家族治療模式》，台北市：張老師文化，1998年。

10 陳安琪（2013），高中女學生參與薩提爾模式人際溝通工作坊之經驗探究，實踐大學家庭研究與兒童發展學系家庭諮商與輔導碩士論文，未出版。

11 郭靜晃（2006），《青少年心理學》，台北市：洪葉文化，2006年。

07 / 運用圖像協助孩子探索自我

　　國、高中階段的孩子，隨著年齡成長、生理特徵的變化，以及認知能力的發展，正在逐步透過事件與周遭人的回應，對照與建構對自己的概念及想法。

　　在這個過程裡，除了了解自己想要什麼，孩子也在與師長、同學的互動中，學習如何回應別人跟自己不同的需求、看見自己與他人的價值，是社會化過程中很重要的探索與建構時期。

　　本章會運用五個不同的案例，包括：不能接受自己的外表、不認同自己的狀況、界線、感覺自己不夠好、霸凌等校園中常見的輔導案例，協助師長應用圖像幫助孩子認識自己的特質。

每個案例都由真實案例改寫，並在尊重隱私的前提下，就性別、年齡、情境進行調整，以情境式的說明，幫助師長在校園情境中運用圖像做為協助學生了解自己特質的方式。

1、化妝

> **互動卡**：每個人都可以自由地表達自己的想法。

在高中時期，同儕間除了比較課業，往往還會延伸至家庭環境、外貌打扮。相互比較有其正向意義，但是過度在乎別人的看法與想法，往往是為學生帶來過多壓力的元凶。

小晶總是喜歡化妝來學校，常常被教官記警告。小晶為了銷警告，只好選擇勞動服務。有幾次小晶被派到輔導室做資料分類與裝訂，我對這位愛漂亮的孩子留下印象。在一次閒聊中，我問小晶說：「又來勞動服務啊。」

「對啊，要銷警告。教官不准我們化妝。」

「那妳為什麼堅持要化妝呢？」我問。

小晶說：「不化妝我沒辦法出門。而且我上學已經畫很淡了，有化妝，我才覺得有臉見人。」

「怎麼會？我覺得小晶不化妝一定更清秀、更可愛。」

「才怪，我的眼睛超小，沒化妝超沒神的。」

小晶一邊打掃，一邊翻起我桌上的互動卡，我問她要不要幫自己選一張，小晶第一眼就選到一張兩個人對話的卡片。

我問小晶為什麼選這張卡片？她看到什麼？她說那個女生的頭髮跟別張不一樣，看來很有自信的樣子。別人願意主動跟她說話，而且女生好像在揮手拒絕，她覺得很酷。

我發覺小晶其實很有自己的想法，一張卡片讓我對小晶詮釋世界的角度有了更多的理解。她說她想當演員，想要用不一樣的角色去體會世界。於是我建議她可以多接觸、多進修語言與歷史人文，不要做一個別人口中的花瓶。小晶眼睛一亮，似乎找到一個自己可以使力的點。

後來，小晶如願考上藝術學院，進修舞台與表演藝術。

季伯倫在《先知》這本書裡說，我們可以給孩子愛，但不要加諸我們的思想，孩子的靈魂是住在明日的屋子裡。有時候看似搞怪的孩子，其實都會有他／她另外一條不同的路。成熟的愛是給予孩子空間，並且相信孩子們會找到方

法，可以去面對他們生命中各種不同的挫折與挑戰。每個孩子都有自己的生命歷程，尊重孩子的選擇，有時候反而是師長最不容易做到的事。只要不是太離經叛道，或許我們應該鼓勵孩子揮灑自己的天賦色彩，找出自己的道路。

Tips 引起動機有時是輔導孩子的關鍵。師長急、孩子不急；孩子急、師長不急，都需要在步調上彼此調整。在此案例中，我用圖像做為引起孩子好奇的媒介，觸發孩子願意和我一起進行探索的動機。從孩子的好奇心出發，師長只要適時引導，當他願意為自己選擇一張卡片，就已經踏上探索式對話的過程。師長也有機會從教導的角色，調整成過程中孩子的陪伴者及同行者。

2、不認同自己的學校或狀況

> **鼓舞卡：**我已經盡了最大的努力，並且坦然接受結果。
> 我知道一切都會有最好的安排。

我對阿翰印象深刻，因為他有兩個口頭禪，一個是：「早知道就不要讀這所學校了。」另一個是：「我應該重考

的，這是什麼爛學校！」但是阿翰的成績表現並不是非常優秀，他總會怪罪是出題方向不好，或者都是一時不小心；最嚴重的是，阿翰總是表現出一副不屑上課的樣子。

有一天的午休時間，我在辦公室走廊遇到正在看著天空發呆的阿翰。

「阿翰，在看什麼？要不要跟老師談一談。」那天，他出乎意料地沒有以口頭禪開場，反而問我：「好啊，要談什麼？」我回答他：「什麼都可以聊啊。」

阿翰跟我走進輔導室，我隨手拿出一副放在桌上的卡片，「來，先抽一張看看。」

阿翰抽到的圖卡，是一個運動員跑步跌倒的圖像。

「哎呀，真是背！連抽牌都抽到跌倒的牌，我想這真是天意啊。」阿翰一陣抱怨。於是阿翰把他對自己考試的運氣

有多差、只差一題來到這個學校、對學校狀況有多不滿……，從頭到尾說了一遍。這些片段我先前已經陸陸續續聽過，這次聽的是完整版，整整十分鐘，他愈說愈激動，好像進到這個學校真的是個極差的

選擇。

「我想你的跌倒也真是命中注定。」我聽完後說。

「怎麼說？」阿翰表現出疑惑的神情。「妳是老師，不是應該安慰我嗎？」

「跌倒其實是一種試煉，是要讓我們去思考，從這個事件中可以學到什麼。」

阿翰認真地聽著：「嗯嗯，是要我更加小心，不要再跌倒了嗎？」

「也可以這樣說。孔子曾說過『不二過』，同樣的錯誤不要犯兩次。你看那個跌倒的人，旁邊有什麼呢？」

「旁邊有很多人在幫他加油。」

「在生活裡，是不是也有人一直在幫你加油呢？」

「有啦，我爸、我媽都說，一次考不好沒關係，考大學再好好準備就好。他們也問我要不要重考，或是要不要補習，說尊重我的意見。」

「所以你有很多選擇呀！你的人生並不是停止在跑道上跌倒的那個瞬間嘍。」

「我想是我自己太自滿了，我怎麼可以跌倒！」阿翰開始露出反省、深思的表情。

「不過老師比較想說的是，我們已經盡力了，然後要學著去接受結果。有時候結果不如意，但是可以化為動力，學習幫自己繼續加油啊。」

接受

我已經盡了最大的努力，並且
坦然接受結果。我知道一切都
會有最好的安排。

I have done my best, and I am open
to any results. I know everything will
be arranged to its best.

我請阿翰把卡片翻到背面，他愣了一秒鐘，說不出話來，表情好像被電到一樣。我問他卡片上寫什麼，他把卡片翻過來給我看，上面寫著一句話：「我已經盡了最大的努力，並且坦然接受結果。我知道一切都會有最好的安排。」

「老師，我想要雪恥。我要上台大。」阿翰突然精神來了，認真地對我說。看來他已經開始學習接受。

「這個目標很好，還有時間，要好好規劃一下，很有機會呀。有任何需要可以來找老師討論喔。」

阿翰接受了高中聯考的失利，並將其化為大考的動力。他在過程中朝著明確的目標努力，如願在三年後考上心目中理想的學校。有時候當我們接受了看似失敗的禮物，才有辦法繼續向前邁進，阿翰就是最好的例子。

Tips 在跟孩子談話的過程裡，師長可先收起自己的價值觀，聽聽孩子怎麼說。例如：孩子一直攻擊學校，

可能只是在投射他無法接受自己的失敗，並不是惡意批評學校。對於孩子遠大的理想抱負，有時師長站在現實考量的建議，只會加重他的挫折感。在這個案例中，讓孩子藉由圖卡探索周圍的資源，看到事件可以存在不同的學習意義與價值。當師長能接受孩子的挫折，孩子就會找到站起來的方式。孩子的生命有無限可能，我們不要輕易嘲笑孩子的夢想，不論現在的起點在哪裡，只要孩子們持續前進，總有一天一定會實現他的夢想！

3、界線

> **互動卡**：如果你做不到，就是不負責任！

小敏總是低著頭，若有所思。

「有什麼事，可以跟老師說喔。」下課時，我心血來潮跟小敏說了這句話。

「老師，有件事我總是想不通。」小敏有點猶豫地說出這句話。

「好，中午休息時妳到辦公室來找我。我會先跟妳的導師說，到時候幫妳開證明。」

小敏功課屬於中上，本來人際關係還不錯，這學期被選

為學藝股長後，似乎就開始悶悶不樂。

「老師，我感覺壓力好大。」午休鈴聲剛響完，小敏準時出現，一坐下，感覺她好像快要哭出來。

「怎麼了？深呼吸。」我試著緩和她的情緒。

原來小敏每次收作業時，都會有人不交，要不就是要求小敏把作業借給他抄。小敏怕同學生氣不敢說不，不過心中總是覺得很不舒服。

「老師，我該怎麼辦？」小敏幾乎快哭出來了。

「來，我們來玩個遊戲。」

我拿出互動卡給小敏選擇，讓她看看自己現在的狀態。她用顏色挑了「我認為」的那一疊，再從中選了一張。

她選的卡片讓我有點驚訝，卡片上的女生看起來肢體語言有點激動。

小敏說：「每次收作業我都快氣死了，這些人都一副無所謂的樣子，我真希望自己可以像卡片裡的女生一樣，把他們臭罵一頓！」

「那妳為什麼沒有這樣做呢？」

「不行啦，我罵不出來，所以快氣死了！我不想讓同學抄我的作業。我讓他們抄，身邊的同學會罵我；不讓他們抄，這些人也對我不高興。老師，我不想當學藝了啦！」

小敏果然很期待受到別人的喜愛和稱讚。愈是需要別人讚美與稱讚的孩子，往往愈不清楚自己的界線。有時候，就算別人提出超過自己所能承受的要求，也會默默忍受下來。

於是我問小敏，哪件事讓她感覺最不舒服。

小敏說：「抄作業就不對啊！作業應該要自己寫，然後我很氣自己，什麼都不敢說。我想要變勇敢。」

「很棒，小敏知道自己要變勇敢。妳知道最勇敢的事是什麼嗎？」

「是什麼？」

「最勇敢的事是不要害怕被討厭，就算拒絕別人也不要害怕被討厭。」

小敏仔細看著剛才挑選的卡片，上面那個可以為自己站出來說話的女生。

「小敏想成為這樣可以為自己說話的人嗎？」

「老師，我大概懂了，下次我會試試看不讓他們抄作業。」

「好棒，老師給妳一個讚，因為小敏已經開始覺察到哪些是自己不喜歡的事。妳覺得有哪些方式，可以跟同學表達

妳的感覺呢？」

　　接下來的時間裡，我跟小敏討論出三個她可以向同學表達自己界線、又不用擔心傷害同學情誼的方式。討論結束，我讓小敏拿出手機，拍下這個有力氣的女生。午休時間結束，小敏帶著微笑，開心地離開我的辦公室。

　　同學們在學校裡除了課業學習之外，如何在同儕互動中建立自己的界線，也是一個非常重要的學習。

　　我們總是期待自己被讚美，不希望被團體排擠，可是也常因為這個理由而失去自己的界線。這時候學生們需要的是一個提醒，請他們問問自己，是否因為別人的期待而失去了自己的界線。讓他們有機會審視自己，而不是無意識地被侵入或者陷入懊惱中。

　　在這個案例中，小敏的困擾在於希望同學改變，但有時改變是從自己開始，而不是一直希望對方改變。小敏不知道如何拒絕別人，所以選了一個憤怒、有力氣的女生形象，師長可以從畫面和言語的落差中明顯感受到，小敏內在其實已覺察到自己的界線，並且累積著憤怒的能量，期待能長出自己的力量，表達自己的想法。

　　小敏後來學會了建立界線的方式。她跟同學們說：「我想幫忙大家把課業變好，但是只抄作業根本學不到。」於是小敏開始約那些抄作業的同學，早一點來學校一起做作業。最後小敏得到感謝，而且不讓其他人踰越自己的界線，小敏

也覺得非常開心能幫到同學。

Tips　有時孩子在複雜的情緒和思維裡，不容易用言語說得明白，這時候可以運用圖像做為媒介，協助孩子在挑選卡片的過程中，就「要」與「不要」的選擇進行分類與整理。在圖卡媒材中，師長也可以運用豐富多彩的圖畫及其中的物件，讓孩子自由進行聯想，抒發情緒與想法；最後，再將這些元素和孩子提到的主題進行扣連，加深孩子的印象，讓會談效果更加分。

4、感覺自己不夠好

鼓舞卡：我選擇為自己送上微笑，做為今天的開始～
我真的很棒！

小芬在課堂上很沉默，進行分組活動時總是不敢主動找人，所以經常落單；大家在進行討論時，也都是沒有意見地配合。小芬的導師非常擔心她無法融入同學的狀況，有一次小芬送作業到辦公室，導師趁機拿出互動卡裡的情境圖卡讓小芬選擇。

導師說：「小芬，如果這張卡片裡有一個人物代表妳，妳會選哪一個？」

「這個。」小芬選擇坐第一排最左邊，低頭看的那一位。

「那小芬，妳感覺這個人的心情如何？為什麼他不加入大家？」

「他大概是感覺加入會搞砸吧。」小芬有點膽怯地說出她的意見。

「搞砸什麼呢？」

「就感覺自己什麼都做不好，會被討厭。」

「那小芬想要練習愈做愈好嗎？」

「可以嗎？」

「當然可以啊！我們來訂一個祕密約定。下次妳想退縮躲在角落時，就看看台上的老師，我會給妳一個微笑，然後妳就要鼓起勇氣主動跟其他人討論喔。就像這張卡片一樣。」導師順手從鼓舞卡裡翻出一張卡片遞給小芬。

「我選擇為自己送上微笑，做為今天的開始～我真的很棒！」小芬接過導師手上的卡片，照著唸出卡片上的文字，

唸完後很驚奇地抬頭看著導師。「哇，好酷呦！但是如果搞砸了怎麼辦？」

「搞砸了，我們就再努力啊。反正每一堂課都是全新的開始呀！」

「好啊！」小芬終

微笑

我選擇為自己送上微笑，做為今天的開始～我真的很棒！

I choose to smile – as a present to start the day. I am really awesome!

於露出笑容，接過卡片跟老師說：「謝謝老師！」

在這個案例當中，導師運用對小芬的了解，挑選一張能協助會談的圖卡，讓小芬透過選擇一個媒介物做為代表，安心地說出自己的想法。互動卡裡的情境圖卡共有十六張，藉由不同的情境設計，能讓一些較為內向的同學，運用情境設計中的角色表達出自己的想法，讓本來不敢說的心事，可以透過圖卡中的角色進行表達，是非常容易上手的工具。

Tips 孩子在圖像中的投射，並不一定會跟真實生活中的性別一致，像這個案例中，小芬選擇前排最左邊的小男生代表自己，可能只是一種心境的投射。請試著將討論重點放在孩子挑選的動機或當下對圖像的感受上，不需

要在挑選人物性別著墨太多。

　　每一次和學生會談，最好結束在有希望的段落，讓學生帶著好的感受與能量離開。鼓舞卡中的語句，都是以賦能為出發點所設計的工具，師長可以自由用來做為祝福或是會談的結尾，協助孩子在離開會談時，處在一個較為平靜與滋養的狀態中。使用鼓舞卡，可運用圖像裡的情境進行總結，或卡片背面的正向語句和孩子的狀態做整合，提升孩子的內在力量與價值感。

5、被霸凌

互動卡：我希望被大家接受。

鼓舞卡：我是獨一無二的，我有我的優點與強項，我以自己為榮。

　　小峰今天沒來上學，也沒向學校請假。導師打電話給小峰的母親，小峰的母親說：「小峰一直很討厭上學，今天早上忽然哭著說不想上學。我工作忙，有時候也不曉得小峰在想些什麼。」

　　隔天小峰到學校，導師請他到輔導室來找我聊聊天。剛開始小峰很拘謹，不過聊到寵物時，小峰眼神就變得不一樣

了。小峰說：「只有狗狗了解我。」

　　小峰個子矮又秀氣，一直被其他同學開玩笑說是女生，玩笑開久了，小峰也不太介意，只是有些同學叫他娘娘腔，讓他感覺非常不舒服。若是遇到有些會毛手毛腳的同學，就會讓小峰感覺很生氣。小峰說：「我又沒做錯什麼，為什麼他們要來煩我？」

　　就這樣，小峰變成輔導室的常客。有一次我指著窗外的校園問小峰說：「小峰，你覺得校園的樹比較美？還是花比較美？」

　　「不一樣的美啊！」

　　「對啊，就連每棵樹都長得不一樣，都有不一樣的美。」

　　「老師，我知道妳要講什麼，但是我最難過的是我自己這關。我總是會氣自己，為什麼要默默忍受。那些笨蛋，什麼都不懂。」

　　我拿出互動卡給小峰：「有機會的話，你想跟那些笨蛋說什麼呢？」

　　小峰仔細地看著

我希望被大家接受。

「感覺」組、「認為」組卡片上的每一句話，在一陣精挑細選和討論之後，他留下了這一張：「我希望被大家接受。」

「好好喲，一群人可以好好說話和討論一些事情，像個成熟的大人。」

「對啊，不過小峰，我們也要想想班上並不完全都是討厭的同學，你也有交到一些好朋友啊。」

「也是沒錯啦。」

「所以要常常往好的地方想，才會感覺快樂。而且要時常為自己打氣，告訴自己要加油。你看，就像這張卡片一樣。」

小峰一看就笑了出來，說怎麼跟自己好像，然後舉起五根手指頭跟圖片裡的一直比劃。

「你看，我們的手指頭都不一樣長喲，但是那個人還是好開心。」

「老師，看到這張卡，我的心情好像有好一點耶！」

「那我把這張卡片送給你，希望你也能找到自己身上不同於別人的優點，甚至找到不同人身上屬於他們各自的優

點。當然，也可以到輔
導室來找老師聊聊。」

「嗯，老師我知道
了。」

「老師支持你。」

孩子在成長階段需
要陪伴與支持，在這個
案例當中，有些同學因
為外表而受到同儕的揶

揄取笑，有時是好玩，但若玩過頭會造成孩子的心理陰影，
甚至發展出行為或言語的霸凌。在討論的過程中，小峰透過
對圖卡的整理，釐清了當下會覺得受傷，是因為期待所有人
都接受和理解自己，忽略了看到自己真正的狀態，找到自己
的價值。

其實，師長就是孩子最好的正向支持者。孩子內心感覺
受傷的原因，往往是期待別人能夠理解他，師長的聆聽與肯
定，加上適時地給予信任及鼓勵，對於培養孩子面對挑戰的
能力經常有極大的效果。

Tips 師長可視孩子的狀況與主題需求，彈性運用圖卡面
與文字面。孩子逐一檢視、整理圖卡的過程，同時

也是對自己內在的整理。師長可以和孩子就自己挑選出有感覺的每個語句，針對發生情境進行討論，孩子一邊學習對語意的澄清，同時也在釐清他的期待，原本的情緒有了被理解的空間，就能更加清晰了解自己的感覺與想法。

08

課業學習

　　每個人的手指頭都長短不一，但每個手指頭都有獨特的功能與價值。學生在不同學科的學習上，也需要認識自己的優點所在，發展出不同的學習技巧，才能從課業學習中找到自己的價值和意義感。

　　學習的第一步就是引發動機，讓孩子覺得對自己的學習能使得上力，找到學習的好處和可以在學習中安心的步調，對孩子來說，也是建立自我價值感很重要的一個部分。

　　在這個章節，分別用天賦卡、互動卡、鼓舞卡穿插運用在四個案例中，跟各位師長討論幾個在課業學習上常見的議題，包括：選組、沒有目標、作弊、低成就等。案例中，有時採取一套圖卡，或是兩套圖卡搭配使用。實際運用時是很

有彈性的，師長們可以嘗試依照案例的需要進行調整。

1、選組

天賦卡：我喜歡跟大家一起行動，不喜歡自己落單。

　　高一下學期，同學們會面臨選組的問題，有些同學可以很果斷地選擇，但有些同學則會有些迷惘。對這些迷惘的同學，我會請他們帶著成績單到輔導室進行特質討論，一起尋找可能的選擇方向。

　　阿德是個有趣的男孩，很喜歡在班上搞笑耍寶，他跟班上的死黨組成一個團體，說好要一起同進退。可是阿德自己也知道，他的理化成績特別差，要跟幾個哥們一起讀理工科有點勉強，但他又不想一個人去讀文組。感覺兩難的阿德到輔導室找我。

　　「老師，怎麼辦

我喜歡跟大家一起行動，不喜歡自己落單。

啦！」

「怎麼啦？」

「我不想跟他們分開。」阿德老實地說出他的想法。

我拿出天賦卡和阿德一一討論，阿德的人際能力特別高、邏輯數學能力一般、自然觀察的能力稍弱，挑選過程中，他特別指出一張給我看：「老師妳看，我就是這樣！」我湊過去看，笑了出來，卡片上寫著：「我喜歡跟大家一起行動，不喜歡自己落單。」

阿德為了跟好朋友一起，不管自己理化成績很差，又不符合自己的特質，於是我給阿德的建議是：分手吧。

「老師，妳怎麼這樣啦。」阿德又露出耍寶的表情。

「你來找老師，就表示自己也知道理化成績真的不夠好，你看這個特質雷達圖，你排出來的興趣與專長都在語文與藝術，讀文組真的比較適合你。」

「可是，我捨不得。」

「在同一個學校還是會碰面啊，如果你勉強自己讀理工，我想兩年後考大學你們也不一定會考上同樣的學校。真心建議你讀文組，而且你們可以在社團活動裡一起玩，還是有很多事可以一起做啊。」

「我知道了，老師。」

有些同學因為同儕的關係，往往會做出不同於自己特質屬性的選擇。這時候常用的方式就是好好分析其中的利弊得

失，讓學生知道自身的天賦、興趣，才能讓學習更有樂趣，並且樂在學習、發揮所長。

Tips 　學生在探索自己的特質時，經常處於無法有效聚焦的狀態，對自己的特質不夠認識，可能會因為感受性的決定而影響判斷。運用圖卡媒材，不但能將他們的想法具體化 ，透過特質雷達圖的排列與師長的引導，更可以幫助孩子認識自己的優勢能力以及了解如何發揮。

2、沒有目標、沒有興趣

天賦卡：我可以為自己設定目標，並且自動自發努力完成。

　　小東是祖母一手帶大，從小就要幫家裡做小生意。他對上課興趣不大，老是看著窗外若有所思。小東總是說：「讀書只是混個文憑，想要趕快畢業去賺錢。」

　　「小東，你的夢想是什麼？」在做特質測驗時，我跟小東聊了起來。

　　「我的夢想是讓祖母過好日子。」

　　「這個夢想很好，不過小東知道自己的專長是什麼

嗎？」

「我很會打球，我運動超強喲！」

「很好呀，知道自己的優勢，才能百戰百勝啊。」

「老師，妳不要開玩笑啦。」

「老師沒有開玩笑，知道自己的優勢能力非常重要。想要成功就必須畫好生涯藍圖，循序漸進，才能百戰百勝。」

「又百戰百勝。我想做的才會有動力啦，像這一張！」小東跟我講話時，一邊翻著卡片，他指著天賦卡裡的「我可以為自己設定目標，並且自動自發努力完成」。

「我覺得現在學的都沒什麼用，我想做設計師，想幫祖母蓋房子。」

「很棒啊，所以現在我們就可以規劃要怎麼成為設計師。學習不只是學校教的，自己也要做規劃，要多充實自己，寒暑假也可以爭取到設計產業的公司去實習，讓自己對設計產業多一些了解喲。」

我可以為自己設定目標，並且自動自發努力完成。

協助同學確定學習方向是一件重要的事。有目標的同學會表現得比較主動積極，學習也會有比較多的樂趣，因

為他們知道自己為何努力。小東生活在只有祖母教養的家庭中，對親人有深厚的感情，了解孩子，運用他生活中的重要資源，引導成為學習的方向與動力，也是協助孩子找到目標感很好的方式。

後來小東很努力，考進大學設計系，成功進入一家家具設計公司實習。小東的祖母也很開心自己的孫兒很爭氣、很棒呢！

Tips　對於處於迷惘中的孩子，有時只知道哪些自己不喜歡，對自己想要的、能做的反而有點陌生。透過圖卡的選擇，具體讓孩子知道自己的能力所在，明白現實跟目標間的落差，就能進一步跟孩子討論向目標前進的方式，將內在能力具象化，對目標的澄清和聚焦很有幫助。

3、作弊

互動卡：我連這個都做不好，真沒用！

小華對自我期待很高，特別喜愛鑽研特殊題型，因為他總是期待自己能考滿分，所以任何奇怪的題目都不放過。小

華的父母是法律系的同學，一個當律師，一個在大學教書，社會成就很高。在一次小考中，班導師發現小華的小抄，就隨手沒收，下課後跟小華一起到輔導室來找我。

　　小華一進門就說：「拜託，不要告訴我爸媽。」然後一五一十地告訴我們，這次考試有幾個地名他怎麼背都背不起來，所以才出此下策。我看了一眼小抄，都是一些很冷門的首都，考出來的機率並不高。

　　「小華，我看你用這樣的方式學習，感覺一點樂趣都沒有耶。」我對小華說。

　　「學習就是要得高分啊，不然時間就白費了。」

　　「學習不只是為了得高分，如何解決學習上的問題，找到最好的學習方式，才是你們這個學習階段最重要的事。而且這樣學習起來也會更有效率、更有樂趣喔。」

　　「真的嗎？老師快救我，我也想快樂學習得高分。」

　　我請小華選擇互動卡，小華選了一張：「我連這個都做不好，真沒用！」我問小華為什麼選這張，他說他常常感覺

焦慮，擔心考不好，因為這樣反而讀不下書。那種憂慮的感覺讓他好害怕，想考好但又怕做不到，感覺自己很沒用。

「老師教你一個考試祕技好嗎？」

「好啊！」

「每次翻開書本之前先告訴自己，這個很簡單，我一定可以讀懂記住。然後做好時間管理，上課前五分鐘先預習這堂課的內容，把不懂的地方圈起來，講到自己不懂的地方專注去理解，如果還是不懂下課可以問老師。不要用背的，而是要理解。回家先做不喜歡的科目，隔天早自習也把時間花在較不喜歡的科目上，重新跟這些科目熟悉。考試的時候先看自己會做的，比較不會緊張。這樣成績就會進步了。」

「謝謝兩位老師，對不起，我這次做錯了。」小華帶著歉意道歉，但是眉頭總算打開了。「以後知道怎麼調整，下次不會再犯了。」

後來，小華經常主動來輔導室討論學習策略，成績也逐漸愈來愈好。

我跟小華說：「考試的目的是為了讓我們辨認哪些東西還沒融會貫通，放輕鬆應對，這次錯了下回改進就好。」

小華說：「真的很感謝老師。我總感覺輔導室裡有種魔力，可以讓人放輕鬆。」

高學習成就的孩子，不必然就一定具備面對挫折的調適能力。有時候，自我要求高，或是一路順利的孩子，若是缺乏面對挫折的調整能力，很容易因為在遇到挫折時反應不來，造成對自我能力的否定與挫折，甚至可能發展出不良的行為因應策略。

運用圖卡，是一種在隱喻當中保留孩子自尊的溝通方式。透過圖卡做為媒介，孩子可以用他舒適的步調慢慢探索自己的內心世界。在討論過程中，因為將問題與困難投射在圖卡中，也能夠給予他們自我覺察與省思的空間。

成績是一時的表現，學習是一生的禮物，幫助孩子面對狀態做出有覺察的調整，並透過圖卡給予視覺化的提醒，再由他們賦予詮釋並歸納出結論，對孩子來說，可以是另一種放鬆的、可回溯的學習過程。

４、低成就

天賦卡：我喜歡運用不同的顏色或圖畫來記錄筆記與心情。

鼓舞卡：我願意尊重我的直覺，並學習如何運用它。

「老師，我明明就盡力了，可是還是考不好。」
開學時的學校日，淑芬的媽媽跟我說孩子每天讀書讀到

半夜兩點，作業也都有仔細做，但成績還是維持在中後段，不知道怎麼辦才好。站在旁邊的淑芬看來有些氣餒，我跟淑芬說：「可以到輔導室來，我們一起討論學習的方法喲。」她不可置信地眨著眼睛，跟我約定隔天中午來找我。

隔天，淑芬準時出現，一臉苦惱地問我：「老師，我該怎麼做才會考好啊？」

我請淑芬做天賦卡測試，淑芬的空間能力很好，最有感覺的一張是：「我喜歡運用不同的顏色或圖畫來記錄筆記與心情。」

淑芬說，像是歷史與地理名詞文字太多，她都記不住。看起來，她使用顏色與圖畫的能力應該可以幫上忙，於是我跟淑芬說：「淑芬，老師教妳一些小祕訣好嗎？」

「真的嗎？老師。」

「當然啊。學習需要有方法，每天讀書讀到半夜兩點，上課沒精神，就不是個好方法。」

「老師，我該怎麼做？」

「首先，要早睡早起，讓自己精神飽滿地上課。然後，上課前把聽不懂的地方勾起來，下課時問老師或同學，不要不好意思發問。」

直覺

我願意尊重我的直覺，並學習如何運用它。

I am willing to respect my intuition and learn how to use it.

「老師，妳怎麼會知道我不好意思發問？」

「當然啊，老師能感覺到妳不喜歡麻煩別人。」

「真的耶。」

「有時候問問別人，可以事半功倍。每個人都有自己的盲點，經過別人的提點，總好過自己獨自摸索。還有妳的空間能力很好，可以多運用圖表的方式來幫助自己記憶。像是歷史、地理，就可以做成像是年表的方式，運用圖像式的方法來記憶。」

我跟淑芬一起把圖卡操作的結果和討論的過程，整理成一張圖表，選擇她想用的顏色幫助記憶，淑芬的臉上散發著神采，很有興趣地進行整理和練習。結束前，我鼓勵她的認真，拿出鼓舞卡讓她選一張，淑芬攤開所有的卡片，選了一張她最順眼的，卡片上寫著：「我願意尊重我的直覺，並學習如何運用它。」我鼓勵淑芬每天挑一個科目進行練習，運

用自己的直覺挑選色彩和分類，從持續一週開始，讓自己慢慢養成習慣。

　　果然，淑芬的成績慢慢好了起來，也愈來愈有自信心，不但在課堂上勇於發問，還跟同學分享她的圖像式記憶法，成績進步之外，人際關係也愈來愈好。

Tips 每個孩子的特質都不同，用對學習方法是很重要的關鍵。用錯方法有可能事倍功半，像是淑芬那樣熬夜苦讀到兩點，就是比較沒有效率的學習方式。運用天賦卡讓孩子知道自己的優勢特質，適時調整學習方式，發揮自己的學習優勢、找到學習興趣，就能夠進一步找到學習中的自信，開始有所進步。

09

受挫能力

我們都希望孩子一生平順，但是在成長過程中，他一定會遇到一些和自己預期不同所產生的挫折，因此，培養對事件不如己意時的受挫能力就非常重要。

有時我們看到孩子一些不合理的行為，光指責是沒有用的，因為孩子不知道這些情緒背後，不連結這種行為還有什麼可行性。孩子能從過程中有所省思和學習，是非常重要的事，也是一份無價的態度與能力。面對事件時，師長的態度也很重要，師長的反應會影響孩子看待事情的回應方式。即使我們不能控制事件的發生，但是在遇到事情時，可以和孩子一起從中學習，讓這件事情變得更有意義。

本章運用鼓舞卡和互動卡，透過不同案例探討孩子遇到

143

的受挫情境，包括：自傷、懼學、拒學及網路霸凌。在閱讀案例時，師長可以先當作故事看過去，試著用同理心感受孩子遇到類似情境時的心情。之後再運用圖卡，實際感受圖畫與字句，對當時情境下的孩子可能產生的意義。你的感受和探索，對於使用圖像的過程都是很珍貴的經驗。

1、自傷

> **鼓舞卡**：事情會在最完美的時候來到，不需要擔心或勉強。

我要讓學長知道，我才是最愛他的！

宜均鼓起勇氣跟學長告白，卻被拒絕了。學長跟她說：「抱歉，我有女朋友了。」宜均哭了好幾天，都沒來上學。直到有一天早上，宜均穿著長袖制服進入教室，跟宜均感情最好的同學覺得不對勁，於是通知了導師。

「宜均說她會冷，但是我看到袖子下面有繃帶。」同學這樣說。導師隨即請輔導室協助處理。

「宜均，會冷嗎？」我開口問她。

「嗯，感覺全身都沒力氣。」說著說著，宜均又哭了。

從同學們口中，我大致知道了學長的事，等宜均哭了一

陣子，我對宜均說：
「宜均，先不哭了。說
說看，發生了什麼
事？」

時機

事情會在最完美的時候來到，
不需要擔心或勉強。
Don`t worry or force yourself.
Because things will turn out at the
perfect time.

「老師，我該怎麼
辦？」在宜均的想像
中，她跟學長是互相喜
歡，只是因為學長有了
女朋友，所以不能接受
她。她想證明自己才是最愛學長的人。在情緒找不到出口的
情況下，宜均拿起美工刀往手腕割去。

「老師，我該怎麼辦？」說完故事之後，宜均又再問了
一遍。

我伸手從桌上的鼓舞卡裡抽了一張，「宜均，妳看看這
張卡片。」卡片上寫著：「事情會在最完美的時候來到，不
需要擔心或勉強。」

「老師，學長是愛我的。」

「宜均，未來的事還很難說，妳要是真喜歡學長，就不
該用這種傻方法啊。」

「老師，我知道，可是我總是控制不住。一想到學長跟
學姊在一起，我就控制不住自己。」

「宜均，可以答應老師一件事嗎？當妳感覺快要控制不

145

住的時候，就到輔導室來找老師。」

「好，老師，我答應妳。」

情竇初開的年紀，同學們經常會做出衝動的決定，學習愛與被愛，會是大家一生的課題。讓事物自然發生，接受結果，更是我們期盼學生能達到的心境與目標。宜均畢業後仍跟我保持聯絡，她說她愛上另一個學長了，而且這次是正在交往中。祝福她能夠得到幸福。

Tips 有時孩子對自己的煩惱，心中其實是有答案的，只是卡在情緒當中，一時看不清可以有的選擇，還不知道如何讓自己安定下來。自傷的狀態，經常也是想為自己受傷的情緒找個出口。當孩子抒發完情緒，師長可以用鼓舞卡中的正向訊息，平撫和引導孩子，讓他們看到生活裡的其他可能性，以及身邊有的、自己可以掌握的地方。運用圖卡，能讓師長和學生間的對話有個發酵的空間，引發孩子的好奇心，比較不會淪為單向式的說教。若在過程中，引導孩子對圖卡中圖像或話語產生聯想與詮釋，對話也會更加深刻。

146

2、懼學

互動卡：我覺得自己不受歡迎，大家不喜歡我。

小智的父親很早就過世了，母親獨力扶養小智及妹妹，媽媽的作息跟小智不一樣，所以小智從小就學著煮飯、帶妹妹。小智沒時間整理自己，加上沒人管，制服總是髒髒臭臭的，同學們會取笑他，但是小智不想提起自己家裡的狀況。漸漸地，小智在學校話愈來愈少，也沒有朋友。導師發現小智的狀況，因此希望輔導室多關心小智。

有一天，導師帶著小智來到輔導室，小智小心地張望著輔導室的陳設。

「你好，小智，請坐。」我說。

小智有點怯生生地回答：「我沒有做錯什麼事，為什麼要來？」

「沒事，是老師想請小智幫忙。」

「幫忙沒問題啊。」小智放下了一些警戒。

「看小智身強體壯，想請小智幫老師整理這些書。」

「沒問題啊，我力氣最大了。」

一邊整理時，我一邊跟小智聊起家裡的狀況，小智說：「媽媽很忙，所以很多事情都是自己一手包辦。」

「小智是怎麼洗衣服的呢？看你的制服都有點黃了。」

小智有點為難地說：「我都用手洗，衣服滿了就丟進去泡泡水擰乾，我家沒有洗衣機。」

「原來是這樣，沒問題，你明天來輔導室，老師教你怎麼洗衣服。」於是，我成了小智的生活軍師，他開始慢慢跟我熟悉起來。

有一次小智一副臭臉來到輔導室，我問他發生了什麼事。原來是期中考之後，同學們換位子時沒有人要跟他坐。我讓小智使用互動卡，小智選擇的負向句型果然比較多，其中有一句是：「我覺得自己不受歡迎，大家不喜歡我。」小智對落在人群後的那個人感受特別強烈，說他很羨慕其他同學都可以有說有笑的，自己只能跟在後面，常常不知道怎麼搭話。

我跟小智說：「小智已經很棒了，會體諒媽媽、照顧妹妹。我建議小智可以從參加班上活動開始跟同學們熟悉。然後要多想一些正面的事，還是有很多人歡迎你、支持你啊。」我買了一件新制服送給小智，當作幫忙整理書的禮物。

校慶園遊會時，小

我覺得自己不受歡迎，大家不喜歡我。

智幫忙班上搬了很多東西，同學們慢慢地對小智改觀，小智也慢慢融入班級活動中。我也教小智如何運用圖卡和同學建立關係。幾次在校園中看到小智，開始有說有笑地跟同學走在一起，我也感覺非常開心！

Tips　恐懼，經常來自於彼此的不了解。孩子一旦對事件心生恐懼，又缺乏溝通的方式，很容易在心中局部放大，造成心理壓力，進而掉進負向循環中。運用圖像，可以協助師長和孩子溝通時，有效地聚焦彼此的討論，讓孩子將心裡的擔憂具體化 ，找到身邊的資源和自己能著力改善的地方，逐步前進，慢慢累積下來，就會看到改變的成果。

3、拒學

鼓舞卡：我看重自己的價值，我選擇活出真實、
豐富的自己。

　　小豪沉迷於網路遊戲，身為公會會長的豪哥，他的朋友圈及成就都存在於網路上。小豪網路上的公會成員愈多，要

受挫能力

處理的會務就愈多，曠課時數也隨之愈來愈多。小豪媽媽拿他沒辦法，希望輔導老師能幫忙勸勸小豪。

小豪媽媽說：「小豪從高一入學就很緊張，常常說他與其他同學格格不入，只有他們公會的人懂他，於是就整天泡在網路的朋友圈裡，不想上學。」我建議小豪媽媽先不要批判他的行為，孩子的內在世界需要被溝通、了解。我問小豪媽媽說：「除了上網，小豪平常還喜歡做什麼？」

「他喜歡看漫畫。」

「嗯，現在的孩子大多都是圖像思考的類型，家長要跟孩子溝通，可以學著跟他們用一樣的語言。」說完，我拿出一套圖卡請小豪媽媽選一張，並說出對這張圖卡的感覺。

小豪媽媽選中一張圖卡，說：「我感覺這顆鑽石很漂亮。」

「還有呢？妳心中的鑽石是什麼？」

「我的鑽石是家人，我希望我們一家人很團結、很閃耀，像這顆鑽石一樣，向四面八方閃閃發光。」

「對的，就像這樣，運用圖卡上的圖像

說出感覺。」

小豪媽媽拍下這張圖卡，回家就問小豪：「你來幫媽媽看，這顆鑽石可能是什麼？」

小豪說：「不就是一顆鑽石？」

接著小豪媽媽依樣畫葫蘆地問說：「小豪心中的鑽石是什麼？」

小豪說：「打遊戲賺到很多虛寶啊！」

「虛寶是什麼？」

運用圖卡打開溝通的第一步，之後的另一個重點是要去了解孩子的世界。在某種程度上，長大意謂著要面對更複雜的關係與承擔更重大的壓力，孩子剛開始也許不能適應學校的團體生活，於是回到他熟悉的網路世界，網路世界的特色是不需要在現場面對其他人，有任何爭執可以直接下線，相對於現實世界顯得安全許多。但是如何跟他人相處，體會到自己跟他人的異同，這些都是非常重要的成長課題，也是師長要引領孩子學習的議題。

鼓勵孩子多嘗試，給予他們成長空間，是師長們的責任。每個世代都有其世代語言，小豪媽媽願意學習了解孩子的用心，相信小豪也能體會得到。未來的世界，是屬於他們自己去開創的世界。

Tips 成長中的孩子，有時會傻傻分不清楚網路與現實。他們需要學習事情中的界線以及建立有彈性的思維方式。網路世界裡，遇到挫折隨時可以 reset 重新開始，但是現實生活可不行。孩子們可以在網路世界裡練兵練到很厲害，但在現實生活裡，挫折卻可能是件可怕的事。成長是長久的事情，建議師長不要太在意單一事件的成果，可以試著將焦點放在事情對孩子產生的影響，讓孩子能從每件事情裡有所覺察，看到自己的能力與價值，喜歡自己。這將會是孩子帶得走的重要能力。

４、網路霸凌

互動卡：即使遇到挫折，我的身邊依然充滿愛與關心。

Nina 的臉書帳號經同學發現後就被大家瘋傳，因為她臉書上的照片都是經過繪圖軟體修飾過後的美照，跟本人有些落差。班上同學紛紛上網留言、轉發，平常上課時看不出有任何異樣，但是網路世界中 Nina 的照片被再次修圖，留言也愈來愈辛辣。

有天，Nina 哭著跑到輔導室說：「老師，我不想活了。」

「發生什麼事了？」我一邊問，一邊安撫 Nina。

「老師，他們把我的照片合成為一隻豬。我受夠了，我不想活了！」

等 Nina 的情緒稍微平復後，我讓她把事情慢慢地說了一遍。

「Nina 為什麼對豬這麼反感？」

「我討厭別人說我胖，而且他們還說我是會修圖的母豬。」

女孩子最在乎的還是外表跟身材。

「那妳自己覺得呢？」

「我也想要瘦一點啊，但就是瘦不下來。」

「Nina，其實胖瘦不是問題，是妳要對自己有信心。」

我拿出互動卡讓 Nina 挑選，Nina 果然挑選了許多負向句型。

「Nina 要對自己有信心，老師送妳這張卡片。」我挑了一張卡片送給 Nina，她張大眼睛仔細地看著。

「『即使遇到挫折，我的身邊依然充滿愛與關心。』面對不順

即使遇到挫折，我的身邊依然充滿愛與關心。

遂的情況要勇敢面對，如果真的受不了，可以尋求支援。像
妳今天來找老師，就是很好的決定。盡可能正面看待發生的
每件事，冷靜下來才能好好處理。」

「老師，其實仔細想想，被合成為一隻豬也不是什麼嚴
重的事，只是剛好身材是我最在乎的。」

「對啊，是這樣沒錯。」

「我要像 Jolin 一樣，感謝這些不看好我的人。」

「很好，就是這股自信。」

Tips　網路上發生的事，最大的困難是不易找到主謀者的
真正身分，有時候因為一個匿名的玩笑，可能會對
當事人產生莫大的心理傷害，或是不經意的玩笑刺中對方
最在乎的事物，而造成很多憾事。師長在處理這類事件時，
可以將事件與情緒分開。查明真相之餘，運用圖卡讓孩子
感受到身邊有人接納和支持，有助於情緒的抒發和穩定。
也可將選出的圖卡當成禮物送給孩子，做為一種提醒與支
持，對於培養孩子受挫與轉化的能力，可能會產生意想不
到的效果。

10

面對壓力

在青少年階段會面臨很多壓力。青少年有時會因為對自我能力的評估不正確，對自己產生過高或過低的期待，而在人際、課業、外型上累積了挫折和壓力。在人生的每個階段，壓力都是難以避免的，師長若能在過程中適當地引導孩子，對他們來說，這些壓力就有機會轉化為一個個正向經驗的助力。當壓力變得不只是壓力，而有機會看到自己在其中的意義和價值，對孩子因應與面對未來人生中的各種壓力，也能蓄積豐富的內在資源可以應對。

本章將用四個案例和師長討論孩子面對壓力的議題，包括：檢定考、身心反應、失敗的預言以及容易放棄的狀況。師長可以彈性運用鼓舞卡、天賦卡和互動卡，和孩子一起進

155

行探討。適當的時候，師長也可以自己面對壓力的經驗為例，和孩子分享面對壓力和轉化的經驗，師長開放的態度和面對處理的過程，對孩子也會很有意義。

1、檢定考

鼓舞卡：加油！加油！加油！我是自己的一軍球員！

小唐報名了兩次檢定考，但兩次都沒去考。導師問小唐為什麼不去考，小唐總是回答還沒準備好。對學生來說，證照代表他的專業能力被肯定，所以導師也感覺擔心。有一次導師跟小唐閒聊時，小唐不經意說出：「不是我不想考，要是大家都通過了，只有我沒過，那不就丟臉死了。」

「原來小唐是怕丟臉啊。所以寧願不去考，也不願意面對失敗。」

「老師，妳別說得那麼白啦，給我留點面子。」

「可是你不去參加檢定考，就會失去學習的機會啊。參加過就知道哪個環節要加強、哪個步驟是你以前忽略的，而且你不去考考看，怎麼知道自己的實力到哪裡，或許一次就通過了也不一定。」

「只要一想到自己有可能沒通過，我就不想去考了。」

「小唐來，老師給你一張勇氣卡。」導師拿出一張圖卡，畫面裡有個人站在本壘準備打擊。

　　小唐關心地說：「投手看起來好厲害。大家都在看他打擊耶，壓力好大呀。」

　　「那你覺得站在場上的打擊者，可以為自己做些什麼呢？」

　　「他只能看著那顆球，想辦法把它打出去呀，不然就太窘了！」

　　導師示意小唐翻到卡片背面，上面寫著：「加油！加油！加油！我是自己的一軍球員！」

　　「呼～」小唐嘆了好大一口氣，肩膀放鬆下來。

　　「對啊，小唐需要的是放鬆。考試是跟自己比較，看看自己進步了多少，還要改進的項目是什麼。記得為自己加油，看著球打出去就對了！下次就勇敢參加檢定考吧，國父也經歷了十次失敗啊，你只是需要多練習。」

　　「我才不想考十次呢，我要一次就通過。」

Tips 除了課業學習之外，鼓勵孩子面對挑戰也是一個重要的課題。了解孩子害怕面對挑戰的癥結，可以運用鼓舞卡適度地引導，給予鼓勵。陪伴與鼓勵是孩子在成長階段中最需要的兩大元素。小唐下一次果然參加且通過了檢定考，通過後他很臭屁地說：「其實沒有那麼難嘛！」是的，其實外在世界的挑戰大多沒有那麼難，真正的挑戰都存在我們的內心世界裡。

加油

加油！加油！加油！我是自己的一軍球員！

Go! Go! Go! I am my best player!

2、身心反應

互動卡：我認為你不夠努力！

鼓舞卡：深呼吸一下，放輕鬆。先讓自己慢下來，相信我會知道該怎麼做。

小玉平常學習狀況很好，作業也都按時繳交，但是考試成績卻總是落在班上後段。導師有點費解地跟我討論小玉這

158

圖像溝通心視界

個個案，「是不是小玉家裡有什麼狀況？」小玉的導師有點擔心地說。於是某一個早自習時間，我找小玉到輔導室來。

「小玉，我們來做個測驗好不好？」我打開電腦上的性格測驗問小玉。

「測驗喔？」小玉露出為難的表情。

「怎麼了？小玉不想做測驗嗎？」

「對啊，做測驗的時候我的肚子就會不舒服。」

「原來是這樣啊，那我們不做測驗了，我們來玩牌。」

「好啊，我喜歡玩牌。」小玉露出微笑。

「小玉來選張卡片。」

小玉選出比較多的負向句型，其中一張她看了很久，看來情緒有點激動。我請她放在桌上，那張卡片上寫的是：「我認為你不夠努力！」

我問小玉：「有人會跟妳說這句話嗎？」

「每天回家媽媽都會問我考試結果如何，然後就會說我要更努力一點，不然以後考不到好學校。」

「可是我看妳的平時成績多半很不錯呀？」

小玉有點小聲地說：「考試的時候我會一直想上廁所，然後就什麼都記不得了。考試考不好還要被罵，愈是這樣想我就愈緊張。」

「妳不想讓家人失望，對吧。」

「當然啊！」

159

「老師教妳一個祕訣，好嗎？」

「好啊！」

我拿出鼓舞卡，讓小玉看著畫面再選一張，她一眼就選中左邊這張牌。我問她看到圖的感覺如何，她說：「那個女生看起來好惬意呀！」

「小玉，妳可以在考試前先去上廁所，如果考試中想去也不要忍耐，跟監考老師說。拿到考卷時先深呼吸一下，放輕鬆。就像這張圖卡畫的一樣，讓自己慢下來，先做那些會的考題，相信自己知道該怎麼做。妳要是不記得了，就想想這張圖卡的畫面，然後吸氣、吐氣、放輕鬆。」

我帶著小玉做了幾次吸氣、吐氣的放鬆練習，小玉的眉頭也慢慢鬆開了一些。

160

Tips 壓力不只會影響心理，也會帶給身體不舒適感。適度的壓力有助於成長與學習，但如果身體出現不適的狀況，減壓能力就是一門重要的學習。運用互動卡內容

的釐清與適度引導，加上鼓舞卡給予正向的支持，並運用圖畫意境讓孩子有視覺上的聯想畫面，再搭配紓壓技巧的練習，對於紓解壓力很有幫助。

3、失敗的預言

> **鼓舞卡：** 停止和其他人比較，我只需要做我自己，
> 並且去欣賞、享受在生命中我所擁有的一切。

詠婕不是待在保健室就是躲到輔導室，就是不喜歡在教室裡，上課也只是趴著睡。她總是說：「反正我就是考不好，再努力也沒有用」、「生死有命，富貴在天」是她的口頭禪。看起來對什麼事都沒興趣的詠婕，很喜歡翻看我的圖卡。有一天詠婕問我：「當輔導老師有趣嗎？」

「很有趣啊，可以幫助迷路的小羊回家。」

「怎麼說？」

「輔導老師的工作就是幫助學生找到自己的生涯方向，還有幫助他們有勇氣度過自己的難關。」

　　「聽起來很棒耶。」

　　「對啊，所以老師很喜歡這個工作。」

　　「可是老師，我對什麼事都提不起興趣耶。」

　　「是喔，我看妳對人還滿感興趣的啊，也喜歡圖卡。」

　　「我是對藝術滿感興趣的，可是媽媽說當藝術家會餓死。」

　　「所以妳就放棄了？」

　　「對啊，不然還能怎樣？」

　　我大概知道詠婕為什麼不想上課了，有時否定了孩子的夢想，也會否定了他們的學習動力。

　　「老師會建議妳繼續嘗試。人生不一定只有一種可能性，我想妳一定可以走出自己的一條路。」

　　詠婕每次來輔導室時都會抽張卡片，有一天她開心地拿著抽到的卡片跑來找我。卡片上寫著：「停止和其他人比較，我只需要做我自己，並且去欣賞、享受

做自己

停止和其他人比較，我只需要做我自己，並且去欣賞、享受在生命中我所擁有的一切。

Stop comparing with others. All I need is to be myself, appreciate and enjoy everything in my life.

在生命中我所擁有的一切。」

「那個女生好酷喲，她看起來很開心！」一番討論後，孩子很開心地告訴我，她要開始努力尋找自己的方向了。

Tips 孩子需要的是陪伴，給予適度的空間、適度的時間，他們自然會長成自己想要的樣子。圖卡工具的使用是很開放的，不需要刻意，有時孩子會自己去翻找、探索，找到他們覺得適合的答案。這時師長不用急著給太多建議，和孩子一起探討各種的可能性，孩子自己也會試著去組合和調整。

4、容易放棄，就是學不會

鼓舞卡：我對已經發生的事情，選擇「學到」，
而不是「傷到」。

有一天莎莎跑進輔導室，她問我：「數學零分可以上大學嗎？」

我回答：「這樣妳的選擇可能會少很多喲。有些科系就會沒辦法填，還有其他科目的分數得要考高分一些。」

選擇

我對已經發生的事情，選擇
「學到」，而不是「傷到」。
For what has happened, I choose
"to learn from it" instead of "being
hurt by it".

莎莎跟我說，她從國中開始就聽不懂數學，更搞不懂那些符號，所以她完全放棄數學這科。

我跟莎莎說：「妳完全放棄數學，上課不聽，不就更沒有機會弄懂了嗎？」

「對啊，可是我想到就頭痛，尤其是統計。」

我請莎莎拿成績單給我看，數學還有四十幾分，於是我對莎莎說：「我想妳的數學能力不像妳說的那麼糟糕啊，感覺還有救，要對數學公平點。」我拿出天賦卡讓她選擇並畫出特質雷達圖，她的邏輯數學果然比較差，不過人際能力很突出。

於是我建議莎莎在期中考時立下小一點的目標，這次要考超過五十分，然後約班上數學小老師跟她一起算數學。我讓莎莎再選一張鼓舞卡，她選到的是：「我對已經發生的事情，選擇『學到』，而不是『傷到』。」

我跟莎莎一起討論如何從過程中學習，找到像是：多看那些自己會的題型、上課專心聽、先做自己感覺會的題目、

培養舒服的上課感覺等方法。後來，莎莎不只約了數學小老師一起研究數學，還把幾個死黨找來，輪流請小老師吃東西。之後莎莎跟我說：「好險沒有放棄，統計真的有聽懂耶。而且一群人一起討論，比我一個人在家鑽牛角尖有趣多了，有問題可以直接問，對我來說簡單多了，早就該這樣做了。」

Tips 孩子每個階段的學習和發展重點是不一樣的，學習方式也需要做出調整。國小的學習方式，到國中可能無法應付，進而成為學習成就低落的原因之一。運用天賦卡讓孩子看到自己的強項與弱項，並且討論特質間相互協調與彼此互補的方式，讓孩子不會完全被自己的弱項困住。保持希望的感覺，也能讓學習過程發揮更多元的意義和價值。

面對壓力

11

溝通能力

2014 年，媒體對中、小學輔導教師進行問卷調查，結果顯示有將近九成六的輔導老師認為，有情緒困擾的學生愈來愈多，其中人際困擾是中、小學生最大的情緒困擾來源（《親子天下》，2014）。[1] 十二到十八歲的孩子，在人生的發展任務開始從自己身體與智能的成長，轉為要在群體中定位自己，發展人際相處的能力。這時候的青少年，正在調整自己跟群體的對應關係，因為外型與思考上的變化，很可能讓孩子出現看誰（包括對自己）都不順眼的感覺。

溝通能力，是成長中青少年需要培養的重要能力之一。除了了解自己想什麼、需要什麼、該如何表達以外，也要懂得聽別人表達的重點。不用過於委屈自己，也不用對單一溝

通的結果太有挫折感。

本章用四個案例來探討青少年的溝通能力議題，分別是：情緒管理、同儕衝突、師生關係以及行為偏差初期，運用互動卡和青少年一起探討，如何聽懂對方和自己，增加溝通能力。

1、情緒管理

> **互動卡：**我覺得自己說的話沒有被別人聽到。
>
> **互動卡：**我希望大家都可以坦誠相待。

有一天，曉娜慌慌張張躲進輔導室，開口就說：「老師，讓我躲一下。」然後隨手就把門鎖上。沒過多久，就聽到有人拍門的聲音，「曉娜，妳出來，出來。」門外男孩一直重複這句話。曉娜哭了出來，於是我隔著門對外面的男孩說：「同學，你先冷靜一點，你再敲門，我要請教官來處理了喔。」門外總算安靜下來。我問曉娜說：「外面的人是誰？」曉娜哭著說：「是建安啦。」「他是妳男朋友？」曉娜點點頭。等到曉娜的情緒有些回復之後，我跟曉娜說：「我開門讓他進來，可以嗎？」曉娜再次點點頭，於是我開門讓外面的男孩進來。

「兩個人都坐好。」經過一段時間的沉澱，兩個人的情緒都和緩了一些。

「曉娜，為什麼不接我電話？」建安先開口質問。

「等一下，讓曉娜先說。」我打斷建安。

曉娜說隨時要回覆建安的訊息，已讀不回他就會發火，晚上電話也不能關機。隨時被關注的感覺雖然好，但有時候在忙沒有回，建安就會生氣。

「我不是不喜歡他、不愛他，只是他脾氣太大了，動不動就生氣。」曉娜說。

「這樣你知道了吧。」我對建安說。

於是建安跟曉娜道歉，兩個人很快就和好了。事情過後幾天，我又請這對小情侶到輔導室來。

「我想讓兩位學習『溝通』這門功課。」我讓兩個人各拿一副互動卡，兩個人將每張圖卡都翻過之後，曉娜先選出「我覺得自己說的話沒有被別人聽到」這張圖卡。

我請曉娜描述這種感覺給建安聽，建安似

我覺得自己說的話沒有被別人聽到。

乎也慢慢懂得曉娜的真實感受了。建安也開始看著卡片練習，找到自己在一連串追問背後真正想傳達的意思。他找到這張卡片：「我希望大家都可以坦誠相待。」

我希望大家都可以坦誠相待。

原來他因為曉娜的異性緣佳，所以不太有安全感，才希望能隨時掌握曉娜的行蹤，不料曉娜因此感受到很大的壓力。兩個人開始逐一核對和釐清，終於找到一個彼此都能夠接受的 call in 方式。

Tips 運用圖像來協助溝通，是一個相對客觀的方式。當雙方看著同一張圖像，各自描述對圖像的體會與詮釋，溝通就開始了。在衝突發生的當下，不急著使用圖像，師長可以先讓衝突的彼此冷靜下來。兩個人若是陷在情緒不穩定的狀況中，就會忘記聆聽，忘記給彼此空間。等到雙方稍微冷靜一些，就可以運用互動卡，讓話語背後蘊含的多層次想法慢慢表達出來，逐一討論。有時候各退一步，讓情緒冷卻下來，才會產生溝通的空間。

溝通能力

2、同儕衝突

互動卡：可以換個不同的方式來溝通，
另外找時間坐下來聊一聊。

力揚與裴裴是班上的意見領袖，班會討論的議題、老師出題的優劣、哪個老師偏心，兩人都會在 LINE 群組裡熱烈討論。他們各有一群擁護者，遇到意見不一致時，就會在網路上掀起一波筆戰，漸漸地，班級向心力變得愈來愈差，參與公共事務的熱忱也愈來愈低。因為不管做什麼都會被批評，於是各個幹部做起事來也都綁手綁腳、興趣缺缺。有一次，因為舉辦校慶活動的事務，兩人又在 LINE 群組上發生口角，在導師的轉介下，我把兩位意見領袖請到輔導室來。

「我覺得裴裴都在針對我。」力揚先發難。

「哪有啊，你才是每次都曲解我的話。」裴裴不甘示弱。

「兩位先別衝動。」空氣中瀰漫著一股相互對抗的氛圍，我

只好先開口阻止。

「來，裴裴先說，這次校慶的工作分配，你的意見是什麼？」裴裴的說法是，力揚主導了這次校慶活動，分配工作時沒有尊重其他人，所以他發起不配合運動。而力揚的說法是，這次班會選他當校慶活動召集人，才剛開始分配工作，就被裴裴唱衰，讓他感覺很不爽。

「裴裴，要是讓你召集，你會怎麼做？」我問裴裴。

「先分配工作，然後追蹤各組進度。」

「要是這次是裴裴主導，力揚會怎麼做？」

「全力配合啊。」力揚回答得有點心虛。

於是我拿出互動卡中的場景卡，讓他們兩人做換位思考的練習，氣氛果然愈來愈輕鬆了。

「我看你們的目標其實是一致的，都是為了將校慶活動做好，只是在不同的位置，意見有點相左。」

我翻開其中一張卡片對他們兩個說：「其實我希望你們可以像這張圖卡一樣，換個不同的方式來溝通，找時間坐下來聊一聊。有時候不要只在群組裡討論，

可以換個不同的方式來溝通，
另外找時間坐下來聊一聊。

面對面才能看得見對方的情緒表情，萬一有時候對方誤會了，也能在第一時間解釋，避免誤會愈來愈深。」

「嗯，好喲，其實力揚有些 idea 還是不錯的，我們先討論一下再跟班上同學說，大家一起來把這件事情搞定，謝謝老師。」

Tips 在班級經營裡，經常會遇到每個人的動機都很單純，但是溝通和表達方式有差異，以至於出現溝通上擦槍走火的狀況。運用圖像中的各種情境，能在平常就讓孩子們學習不同角色的換位思考，讓思維角度更有彈性。在溝通的時候，引導孩子思考及理解不同角色上彼此的出發點和困難之處，就能找到一起完成事情的方式。

3、師生關係

互動卡：我覺得他的每句話都是在針對我。

互動卡：我覺得他想的跟我不一樣。

「王老師對三班的學生總是比較好，這個大家都知道。反正你就愛針對我們。」阿樂又跟老師頂嘴了。

「現在的學生好難教喔。」王老師進辦公室時不免念了幾句。

「怎麼了？哪個學生？」其他老師提出疑問。

「五班的阿樂。」

「他功課還不錯啊，不過意見很多。」五班的班導師補充了幾句。

有一天阿樂又跟王老師意見相左，這次雙方說話大聲了些。學務主任請我協助處理，於是我把阿樂找來輔導室。

「阿樂，你跟王老師之間有什麼誤會嗎？」我開門見山地問。

「才沒咧，他就是針對我。」阿樂有點氣惱地回答。

「怎麼會有這種感覺？」

「王老師老是舉三班的例子，說他們又乖又聽話，聽起來就是在諷刺我們。」

「是這樣啊，阿樂你看這張牌，『我覺得他的每句話都是在針對我。』再看看這張，『我覺得他想的跟我不一樣。』你覺得兩張哪裡不一樣？」

「嗯，兩個人的想法不一樣，但是心境也有所不同。」阿樂的反應果然很快。

「那你下次可以試著聽聽王老師的想法，也許你們想法不同，而且老師不一定是針對你啊。」

「我大概懂了。」

我覺得他的每句話都是在針對我。

我覺得他想的跟我不一樣。

「每個人都會遇到與別人意見相左的時候，感覺對方針對你，或者是尊重對方的意見思考改進，是兩種不一樣的選擇。成熟的人要學習相互尊重喔。」

「我知道了啦。」

後來，阿樂跟王老師之間的關係慢慢地有些轉變。有時候，聽不進去的建議，往往就是我們不想碰觸的盲點，其中的關係非常微妙。

Tips 了解，是溝通裡最重要的基礎。圖像工具裡提供一個涵容的空間，讓孩子與師長的想像力能在其中交流、互動。在這個空間裡，不只有父母、師長或是小孩、學生的角色，而是兩個心靈在進行平等的對話。對話的內容，重點不在於對錯，或是應該、必須的判斷，而是一趟

充滿好奇心的探索過程，我們所表達出的話語，也會深深呈現內在的風景。

4、行為偏差初期

互動卡：適度拒絕別人並不會影響我們的感情。

　　小孟抽菸被父親抓到，被處罰了一頓。小孟的父親還特別通知導師，都是小孟那幾個壞同學影響他，想讓小孟轉班。導師跟小孟的父親說，高二下轉班不是很好的決定，會好好輔導小孟，於是小孟被帶到輔導室。

　　「小孟，你什麼時候開始抽菸的？」

　　「沒有啦，就上次跟同學去撞球場，大家都在抽，我就試著抽一支看看。沒想到回家被媽媽聞出來，害我被老爸處罰。」小孟自覺有點無辜。

　　「小孟，你知道抽菸對身體不好吧。爸爸、媽媽是關心你的健康啊。」

　　「我知道啦，可是大家都在抽。我只是假抽，沒有吸進去。」

　　「這樣不是更不好。」

　　「不會啦，我不會上癮。」小孟說得信誓旦旦。

「你不能選擇不抽嗎？」

「感覺這樣很不合群。」

「我想合群不是這樣定義的吧。健康是你自己要關心的，如果你真的夠朋友，應該勸其他同學都不要抽才對。」

「我想也是。」小孟露出若有所思的神情。

「這樣好了，我們來玩。你選張卡片。」我讓小孟使用互動卡。

「老師，這張牌我做不到。」

「哪一張？」

「適度拒絕別人並不會影響我們的感情。」

「他們要是遞菸給我，我沒辦法拒絕的，我們是好兄弟，這樣很不給面子。」小孟為了進入同儕團體，通常都會不理性地跟隨。

適度拒絕別人並不會影響我們的感情。

「你可以說，要是再被老爸抓到，就會轉班或轉學。」

「這樣感覺超弱的。」

「老師覺得會讓你抽菸的，不會是什麼好朋友耶。你除了要學會勇敢說不之外，還要學

著怎麼樣分辨朋友。」

「老師，妳這樣說也對。」

「而且你這樣沒有自己的個性，也很不帥。」

「真的，我要做我自己。」

當同學開始有偏差行為，通常都是有跟隨的對象，有些是跟隨朋友，有些是家庭狀況本來就不好。要引導他們有自己的想法，堅持做對的選擇，適度的拒絕其實並不會影響彼此的感情。後來小孟很開心地告訴我，當他說他不抽菸，一起玩的同學並不覺得有什麼不妥，大家還是好朋友；而且他試過抽菸之後，並不覺得抽菸有什麼好。有時候，嘗試之後反而更容易拒絕。

Tips 圖卡的使用，可以視孩子的習慣和要討論的主題，選擇採取純圖像的方式或結合圖文的方式使用，沒有絕對的優劣，師長們可以嘗試不同的運用，看看哪種效果自己更有感覺。有時單純讓孩子選擇圖卡，一邊跟孩子聊聊天，孩子當下對圖卡內容的反應，會具體呈現出他的內在價值觀，有助於討論繼續進行。

177

---

1 蘇岱崙、方翊涵（2014 年 3 月），〈情緒力大調查：面對負面情緒，孩子束手無策〉，《親子天下》雜誌。取自 http://www.parenting.com.tw/article/5056995-《親子天下》情緒力大調查：面對負面情緒，孩子束手無策/

第三部

應用篇

圖像能跳脫純文字的框架和局限，
提供使用者探討更多可能性與想像空間，
很適合用來做為自我探索的工具。

12

運用圖像的
課程設計

1、新生適應——面對新環境

> **鼓舞卡：**今天是很好的機會，我可以認識新的朋友，
> 有新的嘗試與許多的可能。

　　開學第一天，九月的校園裡還留著暑熱與蟬鳴，開學的
日子總是讓人期待又忐忑，感覺像是有道電流在心上騷動
著。前一刻還鬧哄哄的走廊，在神奇的上課鐘響之後，散發
出一種特殊的寧靜感。在踏入教室前，我總會停個幾秒，讓
自己沉澱一下。在生活中隨時有一小段沉澱時間，一直是我
的習慣，我可以用這幾秒做幾個深呼吸，鬆一鬆肩頸，調整

一下心情。

「各位同學大家好。」

「老師好。」每一個班級都會有超級熱情的同學大聲地回答。

「你們好,新的環境還習慣吧。我們先來認識彼此好嗎?」

「好!」又是那個大聲回答的孩子。

「那,你先來。」

「老師好,各位同學好。我叫張旭凱,家住在中和,興趣是跳舞。很高興能跟大家同班,希望之後的三年能跟大家成為好朋友。」

「好的,旭凱,你可以指定下一位同學上台。」

輪到一位安靜又怯生生的女孩,她非常小聲地介紹了自己的名字。

「我叫李雅婷,然後……」聲音愈來愈小的女孩有點無助地看向我。

「沒關係,上台會緊張是很正常的。」我走上前扶著雅婷的肩。言語的支持與肢體的安撫,讓雅婷漸漸穩定下來。

「我們換個好玩的方式來幫雅婷自我介紹吧。」

我拿出包裡的卡,讓雅婷抽一張圖卡。圖卡上寫的是:「今天是很好的機會,我可以認識新的朋友,有新的嘗試與許多的可能。」

嘗試

今天是很好的機會，我可以認識新的朋友，有新的嘗試與許多的可能。

Today is a good opportunity. I can make new friends, try new things and many other possibilities.

我請雅婷說出看到這張卡的感覺。

「我感覺好像就是在說我耶。」雅婷笑了起來。

當雅婷轉移了焦點，不再把注意力一直放在緊張的感覺上時，就能夠較為大聲地自我介紹了。

「我叫李雅婷，我很容易緊張，不過很高興能認識大家。」

後面上台的同學都紛紛要求用抽卡的方式自我介紹，班上的氣氛一下子活絡了許多。

後來雅婷跟我說，每當她緊張的時候，就會想起開學第一天抽到的那張圖卡。當她會心一笑時，就不會那麼緊張了。圖卡的意象成為雅婷克服緊張的資源，使用圖像的方式肯定會比一直念念有詞、要求自己別緊張的方式來得有效。

圖像溝通心視界

Tips 內向的孩子通常需要多一些協助與引導，使用圖卡是一個很好的方式。

透過運用圖卡自我介紹的方式，可從中觀察每個孩子的性格特質，是活潑外向，還是害羞內向。觀察他們詮釋圖卡的方式，更能夠深入了解他們的思維模式，是充滿想像力，還是切合實際。

使用圖卡，具有能快速拉近兩人距離的優點。你可以詢問對方對這張圖卡有什麼想法？「跟我想的一樣耶」或是「跟我想的不一樣耶」，都是很簡單的破冰句型。「那麼你為什麼會這樣看呢？」溝通就透過圖卡開始了。

用圖卡做為媒介，是認識朋友、練習溝通時很值得嘗試的一種方式，非常適合做為剛開學的新生活動設計，能讓同學們快速地熟悉彼此，也讓導師快速地了解學生。尤其針對無法清楚表達自己的同學，透過圖卡加上適時的引導，會有很好的效果，圖卡意象甚至能成為他們克服緊張的資源。

2、自我探索——家人成就

天賦卡：我很清楚知道自己的優點和缺點。

小黑出生在**醫師**世家，父母都是**醫師**，哥哥也順利考上醫學院，不過小黑喜歡搞笑。看起來無憂無慮的他，總喜歡

跟熱舞社的哥兒們一起混。成績保持得還不錯的小黑，卻對選組遲遲無法決定。在上完「我的特質地圖」課程（請見附錄一活動二）後，小黑帶著他的特質雷達圖來找我。

「老師，我不想當醫師。」

「為什麼呢？」

「我不想跟爸爸、媽媽一樣，整天忙得沒辦法回家。」

「對啊，醫師的工作總是很忙。那麼小黑平常有什麼嗜好呢？」

「我喜歡看推理小說，可是我文筆很差，當不了作家。」

「哈哈，看來小黑有思考過未來想做什麼了。來，我們來選天賦卡。」

小黑的內省特質與人際能力特別好，常是班上的開心果、活動組長。我還記得他選了一張卡：「我很清楚知道自己的優點和缺點。」

於是我建議他還是要順從自己的心，不要因為全家都是醫師，反而不想跟他們一樣。小黑看了自己的特質雷達

我很清楚知道自己的優點和缺點。

圖，回去想了一個禮拜，下一次碰面時，他跟我說他決定報考理組。雖然他不知道自己以後想不想當醫師，但是他相信，不論選擇什麼，都會是自己非常喜歡、能夠發揮的！

Tips 圖像能跳脫純文字的框架和局限，提供使用者探討更多可能性與想像空間，很適合用來做為自我探索的工具。使用時，採取開放式討論的氛圍會更有幫助。例如：先放下對錯的判斷；採取不評價、不涉入、多鼓勵的引導方式。師長可以成為孩子認識自我的共同探險家，而不是站在場邊給予評語的裁判，同時，讓孩子自己對探索結果進行總結。即使現在看來只是小小的一步，持續累積下來，也是孩子對自我探索上的大大發現。

3、選組填志願

天賦卡：我喜歡動手做東西，例如：串珠、手帳、皮雕、木工等。

「老師，我就是不想念書，選哪一組都不對啊。」智淵跑到輔導室來找我。

智淵在班上的成績中等，但是天馬行空的想法很多，是輔導室的常客之一，有什麼想法都會來跟我聊聊。

　　「你平常不是很喜歡看小說，怎麼會不喜歡念書呢？」

　　「老師，那不一樣啦。」

　　「哈，老師跟你開玩笑的啦。你有做過天賦卡的測驗嗎？」

　　「沒有耶。」

　　我讓智淵做了天賦卡的測試，分數很平均，其中空間視覺跟肢體動覺特別好，於是我對智淵說：「你似乎很適合做設計藝術類的工作喔。」

　　「對啊，我想做服裝設計師。」

　　「很棒，很合適啊。不過基礎科目還是要考好喔。」

　　「我的夢想是出國遊學。」

「那外語能力也要加強喔。」

「我最討厭英文了，不過為了出國留學，我會努力的。」

智淵選擇自己喜歡的生涯方向，也朝著自己的目標前進。智淵說：「我想這是我最快樂的事。」

Tips 天賦卡可以幫助學生建立夢想藍圖，有些同學會把自己困在問題中，但是跟他們溝通自己的強項與構築夢想之後，後面的規劃就變得容易了，也會更樂於自主學習。依循自己的能力強項與夢想，朝設定的目標努力，當然會比漫無目標來得充實許多。

⁴、自我照顧（支持團體）

鼓舞卡：我選擇將注意力放在能感受到喜悅、幸福的事情上，並為自己創造更多的幸福與價值。

導師們常會在空堂時和我討論學生的狀況，有時忙到下午一點多去買午餐，在學校福利社看到跟我一樣忙到錯過用餐時間的老師，我們會相互會心一笑，然後又討論起學生的狀況。

有一天，隔壁班導師跟我討論班上的一個學生，他說這個學生的成績維持在中等程度，但是學生的母親很緊張，常會打電話來詢問孩子的學習狀況，甚至幫孩子擔心到出社會以後工作的趨勢和未來。有時，晚上十點多，他還要在臉書社團上回覆家長們的提問，不禁感嘆地說，老師愈來愈像二十四小時的超商。

　　在學校日時，也有很多家長到教室後面找我聊小孩的狀況，希望我給他們一些教養上的建議。言談間，我感受到許多家長對孩子的期待與擔心，總是擔心孩子未來的路會不會辛苦，這份關心孩子的心情，一直讓我非常感動，也很樂意在陪伴孩子的路上，盡可能協助家長共同討論孩子的狀況。

　　當學校有機會舉辦教師研習或家長座談會時，我喜歡將鼓舞卡拆開，隨機贈送參加的師長，或當作舉手回答的小禮物，有時在活動最後，當作一個有意義、正向的結束。

　　家庭教育是孩子成長過程中非常重要的一環，不論孩子的學習溝通、或認識自己的價值，都是從家庭開始。而學校在孩子學習人際互動、問題解決中扮演很重要的角色，對孩子來說，師長的陪伴也是重要的。所以師長們要先照顧好自己，建議你可以在每天出門前，為自己選一張鼓舞卡，在一天的開始為自己加油。

　　每一天都是一個新的學習，我們都可以「選擇將注意力放在能感受到喜悅、幸福的事情上，並為自己創造更多的幸

福與價值」。

　　祝福你！

運用圖像的 課程設計

附錄一　圖像學習單

【活動一】

活動主題	自我介紹
活動目標	1. 讓孩子適應新情境與認識彼此。 2. 讓孩子透過圖像，練習觀察與表達。 3. 讓孩子傾聽他人，學習從話語中找到重點，找到與其他人的連結點。
活動時間	45 分鐘
注意事項	1. 師長不需要特別提示，由同學依據直覺選擇圖卡。 2. 師長請多鼓勵同學，多嘗試各種角度，表達看到圖卡的聯想與詮釋。 3. 以下列舉兩種圖卡挑選方式，師長亦可依照班上狀況彈性調整。 　　方法一：將鼓舞卡依顏色分成八疊，班上同學分成八組，組長猜拳，獲勝者先選顏色。同組同學從該色圖卡中，直覺挑選一張可以代表自己的圖卡。 　　方法二：師長在活動開始前將同學分為六組，並將桌子拼起來。每組各有一套圖卡。請同學將圖卡逐一攤開，依照直覺挑選一張當下覺得有共鳴的圖卡。若有同學挑到相同的圖卡，可以選擇一起看，或另外挑一張。 4. 在過程中，師長可以觀察同學做決定、傾聽與記錄的過程。
課前準備	1. 鼓舞卡：六套。 2. 學習單：一人一張。
活動過程	1. 師長歡迎同學，並說明活動方式，將同學分為六組。（3 分鐘） 2. 在同學分組後展示圖卡，讓同學選出一張自己第一眼注意到的圖卡。（10 分鐘） 3. 請同學觀察圖卡，並填寫學習單第一題到第四題（使用文字或圖畫都可以）。（15 分鐘） 4. 請同學帶著圖卡向同組同學介紹自己的姓名、選到的圖卡，以及自己對圖卡印象深刻的地方。其他同學聽的時候，可以將印象深刻的同學寫在學習單上（不用按照順序）。（7 分鐘） 5. 找出同組同學間彼此的相似性。（2 分鐘） 6. 每組向大家介紹這一組的相似性。師長可以適時就圖像彼此的關聯，或同學的聯想給予回應。以圖像的相似性增加同學彼此的連結感，降低其進入新環境的陌生感。（6 分鐘） 7. 請每組同學清點圖卡，依照顏色，點好每種顏色各 8 張、使用說明 2 張，共 66 張、連同配件 1 張放回盒中。請同學將圖卡交回給師長。（2 分鐘）

自我介紹

_____ 年 _____ 班 _____ 號 姓名 _____

（正面）	（背面）

1. 請觀察這張圖卡，並舉出三個讓你印象深刻的地方（如：
   圖卡的顏色、有哪些人物在做什麼、有哪些物品……）：

2. 若是請你為這張圖卡取一個名字，會是：_____

3. 翻過來，這張圖卡上面的關鍵字是：_____

4. 如果用這張圖卡來代表我自己，我覺得最像的地方是：
   _____

5. 仔細聽聽同學說，並記錄下來：

同學姓名	圖卡名稱	印象深刻的地方

【活動二】

活動主題	我的特質地圖
活動目標	藉由圖像與文字描述的操作練習，讓孩子了解自己在八大智能上的特質分布。
活動時間	45分鐘
注意事項	1. 師長不需要特別提示，由孩子自行看圖卡，以自己的了解進行操作。 2. 操作時，請孩子依照自己的標準與直覺挑選圖卡，師長不需評價與介入，讓孩子可以無拘束地呈現內在對特質的感受與詮釋。 3. 操作後，依據各種顏色的數量計數，由孩子將數值填入學習單的表格。等學生寫好數量和排序之後，請師長公布各種顏色對應的特質，並讓孩子完成雷達圖。 表格見下 4. 師長可以邀請孩子對挑選出來的圖卡進行分享。對於孩子分享的內容，師長不需要給予評價，留給孩子自在分享的空間。結束後，請師長特別強調，特質只是每個人強弱項的差異，並沒有優劣之別。
課前準備	1. 天賦卡：兩人一套。 2. 學習單：一人一張。
活動過程	1. 師長說明今天活動並進行分組（兩人一組），決定哪位先開始。（3分鐘） 2. 師長打開一盒天賦卡進行示範，請同學一次一位，依據直覺挑出喜歡的圖卡。（10分鐘） 3. 請A同學分顏色將挑到圖卡的數量記錄到學習單上。記錄完成後，由A同學將圖卡依照顏色排好，交給B同學，由B同學依據直覺挑出喜歡的圖卡，分顏色將挑到圖卡的數量記錄到學習單上。（15分鐘） 4. 師長統一說明，指導同學依序操作學習單，將數值標示在各軸線上，並將相鄰的兩軸依序連成雷達圖。並由同學將自己的特質雷達圖上，最凸出與最內凹的兩個端點標示出來。（5分鐘）

注意事項表格：

藍色	粉橘色	紫色	黃色	橘色	粉紅色	淺褐色	綠色
語文能力	邏輯數學	空間視覺	肢體動覺	音樂能力	人際能力	內省能力	自然觀察

活動過程	5. 請同學分別用兩分鐘向對方介紹自己的特質。討論彼此的特質強項與弱項是否有差別,學習彼此運用特質的方式。(5分鐘) 6. 師長以舉手依序詢問了解,全班各項能力的分布狀況。並說明特質能力無優劣之別,只是每個人強弱項的差異,並可引導同學思考,其特質持續發展,與強弱項之間如何互補,或運用在學習與生涯的方向。(5分鐘) 7. 請兩位同學清點圖卡,依照顏色,點好每種顏色各8張、使用說明2張,共66張、連同配件1張放回盒中。請同學將圖卡交回給師長。(2分鐘)

我的特質地圖

_____年_____班_____號 姓名_____

1. 在遊戲裡，我選出的圖卡數量分別是：

類別	藍色	粉橘色	紫色	黃色	橘色	粉紅色	淺褐色	綠色
數量								
排序								

2. 請把上面的數字，分別標示在雷達圖座標軸上，並將相鄰的兩個座標連起來：

3. 經分享與討論後，我最喜歡的前三項特質是：

特質名稱	特質能力	喜好程度	備註

【活動三】

活動主題	説出心裡話
活動目標	藉由圖卡的圖像與文字描述的操作練習,讓孩子學習站在不同立場去思考,並體會不同語句對溝通的影響。
活動時間	45 分鐘
注意事項	1. 師長可依班級狀況,將全班分成六組,輪流抽取圖卡,並在聽到圖卡語句時,分享自己感受、想法的練習。或是採取兩人一組,各執一半的圖卡,以對話方式輪流選出對話的圖卡。下述活動過程的描述,以兩人一組的操作做為範例。 2. 操作時,同學不需要依照班級的實際狀況,可依據自己的生活經驗挑選回應圖卡。師長也可以視教學狀況,先設定情境或要討論的主題,例如在學校或在家中,提供同學發想對話的背景情境。 3. 在同學挑選出回應圖卡後,請念給另一個人聽,並訪問對方聽到話語的感受。 4. 在孩子分享結束以後,請師長鼓勵孩子,每個人聽到話語時可以有不同的感受與理解,學習用同理心理解對方,接受彼此的差異。
課前準備	1. 互動卡:兩人一套。 2. 學習單:一人一張。
活動過程	1. 由師長説明今天活動,並進行分組(兩人一組),決定哪位先開始,發下卡片。(3 分鐘) 2. 請同學將文字組從盒中拿出,依據顏色,每人各拿 24 張不同色的文字卡片。(2 分鐘) 3. 請師長從情境組中選出練習的場景。(2 分鐘) 4. 請同學從情境組中,選擇彼此不同的角色以便練習對話。(1 分鐘) 5. 請 A 同學先開始,選擇卡片中自己最有感覺的一句話,用自己的話念出來。 B 聽完,從自己手邊的卡片裡挑出一張進行回應。再由 A 同學從卡片中挑選一句話進行回應,依此類推,共進行三個循環結束。(5 分鐘) 6. 請兩位同學一起討論,並完成學習單問題 1。(5 分鐘) 7. 請兩位同學共同討論,完成學習單問題 2 到問題 4。(10 分鐘)

活動過程	8. 請師長視情況邀請同學上台發表對溝通有幫助、沒有幫助的元素，以及如何換句話説。請師長進行歸納與總結。（15分鐘） 9. 請同學清點卡片，依照顏色，點好粉紅色、淡藍色、鵝黃色、淡綠色各10張、粉橘色、翠綠色各4張、情境圖卡16張、使用説明2張，共66張，連同配件1張收回盒中。請同學將卡片交回給師長。（2分鐘）

說出心裡話

_____ 年 _____ 班 _____ 號 姓名 _____

1. 在活動裡，我們選到哪些句子？

   我選擇的句子   同學選擇的句子

   [   ]   [   ]

   我對這些句子的感覺是？   同學對他所選的句子感覺是？

   _____   _____

   同學對這些句子的感覺是？   我對同學所選的句子感覺是？

   _____   _____

   （比對看看，兩個人對同一個句子的感覺是否有差別？）

2. 從卡片裡挑出你覺得有助溝通的句子，念給對方聽。

   找出你覺得對溝通最有幫助的句子。　　**為什麼有幫助？**

   _____   _____

3. 從卡片裡挑出一句你覺得對溝通沒有幫助的句子，一起討論如何換句話說。

   你覺得為什麼對溝通沒有幫助？　　**討論看看，可以如何換句話說？**

   _____   _____

4. 我說話時是否有口頭禪？這對我和別人溝通是否造成影響？

   _____

附錄二　參考資料

【參考書目】

王小鋒、張永強、吳笑一，《零售 4.0》，台北市：遠見天下文化，2015 年。

李麗君，〈解讀「數位原生世代」的行為與心理〉，《教育研究月刊》，193 期，2010 年，頁 5-14。

柯志恩、黃盈傑、黃一庭，《數位原生圖像認知之探究及其在教學上的應用》，台北市：高等教育文化，2013 年。

張英熙，《看見孩子的亮點：阿德勒鼓勵原則在家庭及學校中的運用》，台北市：張老師文化，2013 年。

郭靜晃，《青少年心理學》，台北市：洪葉文化，2006 年。

陳盈君，《OH！圖卡完全使用手冊》，台中市：左西心創意，2013 年。

黃士鈞，《生涯規劃全系列卡片帶領手冊》，台中市：健康卡片發明家，2012 年。

Alan Carr（2011），鄭曉楓總校閱，余芊瑢、朱惠瓊譯，《正向心理學》，台北市：揚智，2014 年。

Alexander Loyd、Ben Johnson（2012），張琇雲譯，《療癒密碼：探萬病之源，見證遍布五大洲的自癒療法》，台北市：方智，2012 年。

Alice Morgan（2000），陳阿月譯，《從故事到療癒：敘事治療入門》，台北市：心靈工坊，2008 年。

Bruce L. Moon（2009），丁凡譯，《以畫為鏡：存在藝術治療》，台北市：張老師文化，2011 年。

Cathy A. Malchiodi（2006），朱惠瓊譯，《藝術治療：自我工作手冊》，台北市：心理出版社，2013 年。

Don Tapscott（2009），羅耀宗、黃貝玲、蔡宏明譯，《N世代衝撞：網路新人類正在改變你的世界》，台北市：麥格羅‧希爾，2009 年。

Gary Chapman、Arlene Pellicane（2014），林淑鈴譯，《搞定數位小孩：教出滑世代的高 EQ 人際力》，台北市：遠見天下文化，2015 年。

Howard Gardner（1993），莊安祺譯，《發現 7 種 IQ》，台北市：時報出版，2013 年。

Howard Gardner（2006），李乙明、李淑珍、國立編譯館譯，《多元智能》，台北市：五南，2008 年。

Martin E. P. Seligman（2009），洪蘭譯，《學習樂觀‧樂觀學習》，台北市：遠流，2009 年。

Michael Hollander（2008），邱珍琬譯，《協助自傷青少年瞭解與治療自傷》，台北市：五南，2010 年。

Prensky, Marc（2001）. Digital Natives, Digital Immigrants , From On the Horizon （MCB University Press, Vol. 9 No. 5,

October 2001）.

Rick Hanson（2013），韓沁林譯，《大腦快樂工程：發現內在的寶石，像佛陀一樣知足》，台北市：遠見天下文化，2015 年。

Tall, D., & Vinner, S.（1981）. Concept image and concept definition in mathematics with particular reference to limits and continuity. Educational Studies in Mathematics, 12（2）.

Virginia Satir、John Banmen、Jane Gerber、Maria Gomori（1998），林沈明瑩、楊蓓、陳登義譯，《薩提爾的家族治療模式》，台北市：張老師文化，1998 年。

【網站資訊】

士瑋老師的溝通心視界	www.4aspace.com
台灣生命教育資源網	tudy.heart.net.tw/life.shtml
正向心理學	www.positivepsychology.org
親子天下	www.parenting.com.tw/
華人生涯網—自我探索	careering.ncue.edu.tw/style/

【工具下載】

活動學習單下載	4aspace.blogspot.tw/p/blog-page_22.html

鼓舞卡

包含：圖卡 64 張、使用說明 2 張、配件 1 張。

- 以正向心理學為基礎，每張卡片的圖畫與文字，都是一份鼓舞自己與他人的禮物。

- 圖卡正面以全彩圖像設計，去除文字的暗示性，給使用者最大詮釋空間，進行主動式的意義投射與自由聯想。

- 圖卡背面包括圖像縮圖、關鍵字、賦能語句。以圖像及關鍵字加深使用者的印象，並以中英文賦能語義，做為圖像意義的延伸。

 慢下來

當我能夠慢下來、好好陪伴自己，我就是活在當下。
When I am able to slow down, being there with myself, I am present in the moment.

 覺察

我能夠照顧自己，並且透過對當下的覺察，愈來愈了解自己、接納自己。
I am able to take care of myself. With the awareness of the moment, more and more I understand and accept myself.

 加油

加油！加油！加油！我是自己的一軍球員！
Go! Go! Go! I am my best player!

汪士瑋心理師設計 / 定價 600 元
銷售通路 / 張老師文化、博客來網路書店

使用說明

請依據直覺選擇圖卡，並嘗試運用不同的角度，表達看到圖卡的感覺和聯想。

● 使用方式一：

1. 將卡片依顏色分成八疊，使用者分為八組各挑一疊。

2. 請使用者從該組卡片的圖卡中挑選一張，表達對它的感覺與聯想。

● 使用方式二：

1. 將使用者分組，每組使用一套卡片。

2. 將圖卡攤開，每個人挑選一張在當下覺得有共鳴的圖卡。

3. 將整組挑出來的圖卡，串成一個主題故事。

天賦卡

包含：圖卡 64 張、使用說明 2 張、配件 1 張。

■ 天賦卡以多元特質理論為基礎，運用視覺化圖像，讓使用者探索自己的特質能力，以及應用特質的可能方式，開啟多元智能的內在旅程。

■ 圖卡正面以全彩圖像設計，去除文字的暗示性，給使用者最大詮釋空間，進行主動式的意義投射與自由聯想。

我說話時喜歡運用成語或典故。　我喜歡跟朋友一起聊天、吃飯。

■ 圖卡背面包括特質圖畫、文字描述，並以不同底色代表各項特質能力。特質顏色的對照，請見使用說明。

汪士瑋心理師設計 / 定價 600 元
銷售通路 / 張老師文化、博客來網路書店

我能夠在心裡快速地完成四則運算。

使用說明

● 特質能力簡介

語文能力：運用話語或書寫，將知識結合進行表達。

邏輯數學：提出假設、解決問題、運用數字與推理。

空間視覺：對色彩、形狀、方向、空間的感受與表達。

人際能力：對別人的情緒、表情、聲音、感受的回應。

內省能力：了解自己的喜好、情緒、動機與優缺點。

音樂能力：對音樂感受、演奏、演唱或創作的能力。

肢體動覺：運動、操作物品、肢體語言表達的能力。

自然觀察：對自然與社會環境的觀察、探索與辨識。

互動卡

包含：溝通圖卡 48 張、情境圖卡 16 張、
使用說明 2 張、配件 1 張。

■ 互動卡以薩提爾模式為基礎。呈現人在
溝通時的不同面貌。

■ 圖卡正面以圖像呈現溝通的互動過程，
去除文字的暗示性，給使用者最大詮
釋空間，進行主動式的意義投射與自
由聯想。

■ 圖卡背面包括全彩圖畫與溝通語句，並
以不同底色代表溝通時的內在狀態。
圖卡可一人使用，也可兩人共同操作，
換位練習。若與情境圖卡搭配使用，
可做為溝通情境模擬的操作練習。

想要彼此互相了解，是需要一
些時間的。

我覺得大家都不了解我。

汪士瑋心理師設計 / 定價 600 元
銷售通路 / 張老師文化、博客來網路書店

我希望被大家接受。

使用說明

● **換位溝通練習，適合人數：2 人。**

1. 兩人一組，各拿 24 張溝通圖卡。

2. 共同選出一張情境圖卡，兩人各挑其中一個人物代表自己。

3. 請夥伴 A 從溝通圖卡中挑出一句話語，並用自己的話念出來。之後，夥伴
   B 從溝通圖卡中挑出一句話語回應。反覆進行三回。

4. 兩人共同討論，剛剛聽到話語時的感受，哪一句是有效的溝通、哪一句是
   無效的溝通。

5. 討論無效溝通的話語，可以如何調整呢？

筆記頁

筆記頁

張老師文化公司書目

· 此書目之定價若有錯誤，應以版權頁之價格為準。
· 讀者服務專線：（02）2218-8811　傳真：（02）2218-0805
· mail: sales @ lppc.com.tw

一、生活叢書				P12	尋找田園小學—創造兒童教育的魅力	220 元
生活技巧系列		定價	備註	P13	不是兒戲—鄧志浩談兒童戲劇	220 元
A9	怡然自得—30 種心理調適妙方	130 元		P17	父母成長地圖	200 元
A10	快意人生—50 種心理治療須知	120 元		P18	做孩子的親密知己	200 元
A11	貼心父母—30 帖親子相處妙方	120 元		P21	孩子的心，我懂	220 元
A12	生活裡的貼心話	150 元		P22	你可以做個創意媽媽	230 元
A13	讀書會專業手冊	250 元		P23	我要和你一起長大—尋找家庭桃花源	250 元
A14	創意領先—如何激發個人與組織創造力	250 元		P25	愛女兒愛爸爸—做女兒生命中第一個好男人	280 元
A15	大腦體操—完全大腦開發手冊	120 元		P26	孩子的天空—成長、學習、邁向卓越的七大需要	300 元
A17	張德聰的自助舒壓手冊〔上〕：美好人生的心理維他命	220 元		P27	大手牽小手—我和我的自閉兒小宜	220 元
A18	快樂是一種陷阱	280 元		P28	每個父母都能快樂—怎樣愛青春期的孩子	270 元
A19	聰明的餅乾壓不碎—找回你的天賦抗壓力	200 元		P29	當孩子做錯事—掌握機會塑造好品格	300 元
A20	聆聽自己，聽懂別人：35 堂讓生活更美好的聲音魔法課+CD	300 元		P30	如何與青少年子女談心	280 元
A21	大腦的音樂體操（附演奏 CD）	320 元		P31	我想安心長大—如何讓孩子有安全感	260 元
A22	壓力生活美學	280 元		P32	王鍾和與父母談心 ①—親子關係	240 元
A23	用十力打造實力：培養幸福生涯核心能力	280 元		P33	王鍾和與父母談心 ②—生活教育	240 元
愛·性·婚姻系列		定價	備註	P34	王鍾和與父母談心 ③—兩性教育	240 元
E41	結婚前，結婚後—成長與改變	220 元		P35	王鍾和與父母談心 ④—學校生活	240 元
E42	愛得聰明·情深路長	210 元		P36	青少年非常心事	250 元
E44	愛就是彼此珍惜—幸福婚姻的對話	300 元		P37	單親媽媽，滿分家教	200 元
E45	婚內昏外	220 元		P38	媽媽，沒有人喜歡我	320 元
E46	一定要結婚嗎？	280 元		P40	燈燈亮了—我的女兒妞妞	320 元
E47	愛上 M 型男人—找回妳的勇氣、尊嚴與幸福	290 元		P41	為什麼青少年都衝動？	320 元
E48	重建—重塑婚姻與自我的願景	350 元		P42	媽媽，用心去做就好	240 元
E49	搞懂男人—李曼法則 39	270 元		P43	一生罕見的幸福	220 元
E50	享753愛情不吃醋	230 元		P44	任修女的親子學堂	240 元
E51	抓住幸福很 easy	230 元		P45	巴黎單親路	240 元
E52	愛在金錢蔓延時—金錢與親密關係	290 元		P46	青少年非常心事 2：我的孩子變了！	250 元
E53	夫妻溝通成功七律	250 元		P47	攀越魔術山：罕見疾病 FOP 的試煉與祝福	360 元
E54	中年太太俱樂部	280 元		P48	如何教養噴火龍	280 元
E55	莫非愛可以如此	240 元		P50	當孩子得了躁鬱症—該做什麼？如何做？	300 元
E56	幸福關係的七段旅程	300 元		P51	是誰傷了父母？—傷心父母的療癒書	280 元
E57	女性私身體	480 元		P52	Orange 媽媽：四分之三的幸福	250 元
E58	抱緊我—扭轉夫妻關係的 7 種對話	320 元		P53	喬伊的返校之旅	350 元
E59	宿命·改變·新女人	250 元		P54	碰恰恰說故事魔法	280 元
E60	愛是有道理的	380 元		P55	不光會賽賽：認輔志工守護孩子的故事	300 元
E61	離去？留下？：重新協商家庭關係	450 元		P56	陪伴天使的日子	260 元
親子系列		定價	備註	P57	生命禮物：遇見夠好的媽媽	280 元
P9	天下無不是的孩子	180 元		P58	預見家的幸福	260 元

編號	書名	定價		編號	書名	定價	
P_{59}	我不是不想上學	280元		N_{31}	心理治療入門	360元	
P_{60}	火孩子，水孩子	320元		N_{32}	TA的諮商歷程與技術	280元	
P_{61}	教出有勇氣與行動力的孩子	280元		N_{33}	敘事治療─解構並重寫生命的故事	420元	
P_{62}	專注力訓練，自己來！	300元		N_{34}	志工實務手冊	450元	
P_{63}	培養孩子6個生涯成功的禮物	280元		N_{35}	家庭暴力者輔導手冊	280元	
P_{64}	像青蛙坐定─給孩童的正念練習	300元		N_{36}	遊戲治療101	450元	
P_{65}	一生罕見的幸福II：走下去，才有驚喜	300元		N_{37}	薩提爾治療實錄─逐步示範與解析	280元	
P_{66}	孩子，我學著愛你，也愛自己	260元		N_{38}	解決問題的諮商架構	270元	
P_{67}	給予空間，保持親近：青少年父母的正念練習	320元		N_{39}	情緒取向 V.S. 婚姻治療	300元	
	青少年系列	定價	備註	N_{40}	習慣心理學・辨識篇（上冊）	500元	
Z_2	悸動的青春─如何與人交往	120元		N_{41}	習慣心理學・辨識篇（下冊）	500元	
Z_3	葫蘆裡的愛─如何與家人溝通	120元		N_{42}	快意銀髮族─台灣老人的生活調查報告	220元	
Z_4	輕鬆過關─有效的學習方法	120元		N_{43}	志工招募實戰手冊	270元	
Z_5	孩子，你在想什麼─親子溝通的藝術	120元		N_{44}	助人工作者自助手冊─活力充沛的祕訣	350元	
Z_6	青少年的激盪─青少年心理及精神問題解析	150元		N_{45}	家族星座治療─海寧格的系統心理療法	450元	
Z_9	少年不憂鬱─新新人類的成長之路	180元		N_{46}	性罪犯心理學─心理治療與評估	350元	
Z_{10}	想追好男孩─青春族的情感世界	180元		N_{47}	故事與心理治療	300元	
	二、輔導叢書			N_{48}	每個學生都能成功	250元	
	助人技巧系列	定價	備註	N_{49}	情緒與壓力管理	300元	
C_3	助人歷程與技巧	240元	增版	N_{50}	兒童故事治療	280元	
C_4	問題解決諮商模式	250元		N_{51}	理情行為治療	220元	
C_5	校園反性騷擾行動手冊	150元	修訂本	N_{52}	婚姻與家族治療─個案研究	720元	
	團體輔導系列	定價	備註	N_{53}	焦點解決諮商案例精選─激勵人心的治療故事	270元	
M_2	團體領導者訓練實務	280元		N_{54}	幫他走過精神障礙─該做什麼，如何做？	280元	
M_3	如何進行團體諮商	150元		N_{55}	存在心理治療─死亡（上）	300元	
M_6	小團體領導指南	100元		N_{56}	存在心理治療─自由、孤獨、無意義（下）	380元	
M_7	團體輔導工作概論	250元		N_{57}	兒童注意力訓練手冊	400元	
	教育輔導系列	定價	備註	N_{58}	面試成功進大學	270元	
N_{14}	短期心理諮商	250元		N_{59}	心理治療 Live 現場	380元	
N_{15}	習慣心理學─理論篇	380元		N_{60}	青少年與家族治療	400元	
N_{17}	自我與人際溝通	220元		N_{61}	習慣心理學・應用篇	400元	
N_{19}	心理治療實戰錄	320元		N_{62}	兒童與青少年焦點解決短期心理諮商	320元	
N_{20}	諮商實務的挑戰─處理特殊個案的倫理問題	300元		N_{63}	兒童敘事治療：嚴重問題的遊戲取向	420元	
N_{21}	習慣心理學（歷史篇）	420元		N_{64}	薛西佛斯也瘋狂	290元	
N_{22}	客體關係理論與心理劇	400元		N_{65}	兒童注意力訓練父母手冊	260元	
N_{23}	薩提爾的家族治療模式	380元		N_{66}	行動的反思團隊	450元	
N_{24}	焦點解決短期心理諮商	200元		N_{67}	敘事取向的生涯諮商	270元	
N_{25}	邁向成熟─青年的自我成長與生涯規劃	250元		N_{68}	焦點解決諮商的多元應用	480元	
N_{27}	臨床督導工作的理論與實務	400元		N_{69}	跟薩提爾溝通	200元	
N_{28}	10倍速療法─短期心理治療實戰錄	200元		N_{70}	聯合家族治療	320元	
N_{29}	人際溝通分析練習法	420元		N_{71}	克服逆境的孩子─焦點解決諮商的家庭策略	280元	
N_{30}	兒少性侵害全方位防治與輔導手冊	260元		N_{72}	從換幕到真實─戲劇治療的歷程、技巧與演出	400元	

N₇₃	稻草變黃金—焦點解決諮商訓練手冊	320元		N₁₁₆	像海盜那樣教：讓教師脫胎換骨的海盜教學法	280元	
N₇₄	挑戰成癮觀點—減害治療模式	400元		N₁₁₇	從故事開始療癒：創傷後的身心整合之旅	380元	
N₇₅	心理治療的新趨勢—解決導向療法	250元		N₁₁₈	米紐慶的家族治療百寶袋	380元	
N₇₆	OFFICE 心靈教練—企業的焦點解決短期諮商	250元		N₁₁₉	要玩就要玩大的：起司班學習成長故事	320元	
N₇₇	家庭暴力加害人處遇團體方案手冊—EMERGE 模式	350元		N₁₂₀	療癒親密關係，也療癒自己：情緒取向創傷伴侶治療	360元	
N₇₉	好好出口氣—設定界限，安全表達憤怒	220元		N₁₂₁	創傷的積極力量（上）	300元	
N₈₀	遊戲治療 101—Ⅱ	450元		N₁₂₂	創傷的積極力量（下）	280元	
N₈₁	遊戲治療 101—Ⅲ—四步模式	450元		N₁₂₃	DBT 技巧訓練手冊（上）	450元	
N₈₂	家庭與伴侶評估—四步模式	320元		N₁₂₄	DBT 技巧訓練手冊（下）	450元	
N₈₃	性侵害加害人團體處遇治療方案	300元		N₁₂₅	DBT 技巧訓練講義及作業單	550元	
N₈₄	如何與非自願個案工作	270元		N₁₂₆	ACT 一學就上手	380元	
N₈₅	合作取向治療	420元		N₁₂₇	諮商心理衡鑑的理論與實務	380元	
N₈₆	敘事治療的工作地圖	320元		N₁₂₈	ACT 實務工作者手冊	350元	
N₈₇	心靈的淬鍊—薩提爾家庭重塑的藝術	350元		N₁₂₉	在關係中，讓愛流動	380元	
N₈₈	終點前的分分秒秒	380元		N₁₃₀	一次的力量	280元	
N₈₉	當下，與你真誠相遇	320元		N₁₃₁	圖像溝通心視界	280元	
N₉₀	合作取向實務	450元			**贏家系列**	定價	備註
N₉₁	薛西佛斯也瘋狂 Ⅱ	270元		SM₆	鼓舞卡	600元	
N₉₂	災難後安心服務	250元		SM₇	天賦卡	600元	
N₉₃	勇氣心理學—阿德勒觀點的健康社會生活	350元		SM₈	互動卡	600元	
N₉₄	走進希望之門—從藝術治療到藝術育療	350元			**心理推理系列**	定價	備註
N₉₅	繽紛花園：兒童遊戲治療	360元		T₄	走出生命的幽谷 (新版)	200元	
N₉₆	憂鬱症的情緒取向治療	470元		T₁₀	前世今生—生命輪迴的前世療法	250元	
N₉₇	情緒取向 VS. 婚姻治療（二版）	380元		T₁₁	家庭會傷人—自我重生的新契機（二版）	300元	
N₉₈	員工協助方案專業人員手冊	380元		T₁₂	你是做夢大師—解夢・解夢・活用夢	250元	
N₉₉	以畫為鏡—存在藝術治療	400元		T₁₃	生命輪迴—超越時空的前世療法	270元	
N₁₀₀	家族治療的靈性療癒（上）	380元		T₁₄	生命不死—精神科醫師的前世治療報告	280元	
N₁₀₁	家族治療的靈性療癒（下）	320元		T₁₆	你在做什麼？—成功改變自我、婚姻、親情的真實故事	380元	
N₁₀₂	導引悲傷能量：悲傷諮商助人者工作手冊	450元		T₁₈₋₁	榮格自傳—回憶、夢、省思	450元	
N₁₀₃	陪孩子遇見美好的自己	260元		T₁₉	家庭祕密—重返家園的新契機	280元	
N₁₀₄	敘事治療的實踐：與麥克持續對話	300元		T₂₀	跨越前世今生—陳勝英醫師的眠治療報告	200元	
N₁₀₅	辯證行為治療技巧手冊	380元		T₂₁	脆弱的關係—從玫瑰戰爭到親密永久的婚姻	320元	
N₁₀₆	關係的評估與修復	380元		T₂₅	回家：結構派大師說家庭治療的故事	400元	
N₁₀₇	SAFE 班級輔導模式	250元		T₂₇	當尼采哭泣	420元	
N₁₀₈	看見孩子的亮點	350元		T₂₈	診療椅上的謊言	420元	
N₁₀₉	當下，與情緒相遇	350元		T₃₁	前世今生之回到當下	280元	
N₁₁₀	學生輔導工作倫理守則暨案例分析	350元		T₃₃	祕密，說還是不說	360元	
N₁₁₁	大象在屋裡：薩提爾模式家族治療實錄 1	380元		T₃₉	父母會傷人	300元	
N₁₁₂	越過河與你相遇：薩提爾模式家族治療實錄 2	320元		T₄₃	鏡子裡的陌生人—解離症：一種隱藏的流行病	380元	
N₁₁₃	遇見孩子生命的曙光	280元		T₄₄	你有沒有看見我的馬	280元	
N₁₁₄	藝樹園丁：悲傷與失落藝術治療	360元		T₄₅	大師說舞	260元	
N₁₁₅	藝術治療與團體工作	450元		T₄₆	婚姻探戈	260元	

T_{47}	舞動人生	260元		D_{73}	這就是男人！	340元
T_{48}	成長之舞	260元		D_{75}	打破沈默—幫助孩子走出悲傷	270元
T_{49}	美聲男子	220元		D_{76}	天空不藍，仍然可以歡笑—練習幽默	270元
T_{50}	刺蝟的愛情	270元		D_{77}	我們並未互道再見—關於安樂死	260元
T_{51}	獵食者：戀童癖、強暴犯及其他性犯罪者	380元		D_{78}	巫婆一定得死—童話如何形塑我們的性格	320元
T_{53}	佛洛伊德的近視眼	290元		D_{79}	用心去活—生命的十五堂必修課	260元
T_{54}	佛洛伊德的輓歌	250元		D_{80}	艾瑞克森—自我認同的建構者	370元
T_{55}	媽媽有病—代理性伴病真實案例	200元		D_{81}	放心，陪他一段—照顧者十二守則	260元
T_{56}	解剖自殺心靈	250元		D_{82}	憂鬱心靈地圖—如何與憂鬱症共處	290元
T_{57}	打開史金納的箱子—二十世紀偉大的心理學實驗	320元		D_{85}	成功就是現在—大器晚成的祕訣	300元
T_{58}	女王駕到—西洋棋王后的歷史	320元		D_{86}	慾望之心—了解賭徒心理	300元
T_{59}	改變治療師的人—23位治療大師的生命故事	320元		D_{87}	寫自己的壓力處方	320元
T_{60}	愛情劊子手	350元		D_{88}	我的哭聲無人聽見—孤單與健康	460元
T_{61}	受虐的男孩，受傷的男人	280元		D_{89}	我的感覺你懂嗎？—面對拒絕	320元
T_{62}	情緒分子的奇幻世界	420元		D_{90}	蹺蹺奇才—不凡創造力的背後	350元
T_{63}	家有千絲萬縷	250元		D_{91}	日常談話・深度傾聽	290元
T_{64}	蛤蟆先生的希望—TA諮商童話版	280元		D_{92}	勝過失望	270元
T_{65}	我的家庭治療工作	280元		D_{93}	父母離婚後—孩子走過的內心路	360元
T_{66}	媽媽和生命的意義	350元		D_{94}	此刻有你真好—陪伴悲傷者走過哀痛	220元
	心靈拓展系列	定價		D_{95}	向自殺SAY NO！	350元
D_{40}	心靈神醫	220元		D_{96}	別跟情緒過不去	280元
D_{43}	照見清淨心	180元		D_{97}	木屐與清酒	220元
D_{44}	恩寵與勇氣	380元		D_{98}	可以溝通真好	280元
D_{46}	杜鵑窩的春天—精神疾病照顧手冊	320元		D_{99}	打開戀物情結	300元
D_{47}	超越心靈地圖	300元		D_{100}	愛上工作—找尋自尊、獨立、安適、從容	300元
D_{50}	生命教育—與孩子一同迎向人生挑戰	240元		D_{103}	和好再相愛—破裂關係的修復與重建	320元
D_{53}	空，大自在的微笑—空 禪修次第	200元		D_{104}	當所愛的人有憂鬱症—照顧他，也照顧好自己	290元
D_{55}	假如我死時，你不在我身旁	280元		D_{105}	請容許我悲傷	250元
D_{56}	不知道我不知道	180元		D_{106}	再也不怯場	290元
D_{57}	如何好好生氣—憤怒模式工作手冊	250元		D_{107}	殺不死我的，使我更堅強	280元
D_{58}	因為你聽見了我	220元		D_{108}	空間詩學	350元
D_{59}	當醫生遇見Siki	240元		D_{109}	做自己的心理管家	290元
D_{62}	我的生命成長樹—內外和好的練習本	270元		D_{111}	女人的壓力處方	250元
D_{63}	Erikson老年研究報告	400元		D_{112}	心理治療室的詩篇	250元
D_{64}	難以置信—科學家探尋神祕信息場	240元		D_{113}	愛與自由	300元
D_{65}	重畫生命線—創傷治療工作手冊	400元		D_{114}	我是有為者	200元
D_{66}	家屋，自我的一面鏡子	380元		D_{115}	發現你的利基	250元
D_{67}	你可以更靠近我	280元		D_{116}	小魚舖，大奇蹟	240元
D_{68}	快樂的十日課（上）	250元		D_{117}	道別之後	220元
D_{69}	快樂的十日課（下）	250元		D_{118}	難以置信II—尋訪諸神的網站	280元
D_{71}	一分鐘心理醫生	250元		D_{119}	關係療癒	320元
D_{72}	你可以自由—讓受虐婦女不再暗夜哭泣	200元		D_{120}	人道醫療	300元

D₁₂₁	孩子為何失敗	260 元	D₁₆₆	生命宛若幽靜長河	270 元	
D₁₂₂	孩子如何學習	300 元	D₁₆₇	觀山觀雲觀生死	270 元	
D₁₂₃	生命河流	220 元	D₁₆₈	生命夢屋	240 元	
D₁₂₄	創意是一種習慣	300 元	D₁₆₉	情話色語	270 元	
D₁₂₅	跨界之旅	220 元	D₁₇₀	在時光走廊遇見巴黎—廖仁義的美學旅行	270 元	
D₁₂₆	永恆的朝聖者—空與神的會晤	280 元	D₁₇₁	120 公分的勇氣	280 元	
D₁₂₇	超越語言的力量—藝術治療在安寧病房的故事	270 元	D₁₇₂	我願意陪伴你	280 元	
D₁₂₈	古老的故事，幸福的奇蹟	200 元	D₁₇₃	療癒，藏在身體裡	280 元	
D₁₂₉	我最寶貴的	200 元	D₁₇₄	愛，一直都在	280 元	
D₁₃₀	阿嬤的故事袋—老年、創傷、身心療癒	280 元	D₁₇₅	情義相挺一甲子	280 元	
D₁₃₁	逃學老師	260 元	D₁₇₆	超越成敗：邁向自立與成熟	280 元	
D₁₃₂	海神效應—幹細胞與其對醫學的承諾	350 元	D₁₇₇	9 個萬分之一的相聚	280 元	
D₁₃₃	全方位憂鬱症防治手冊	300 元	D₁₇₈	療癒，從創作開始	350 元	
D₁₃₄	改變的禮物	250 元	D₁₇₉	解鎖：創傷療癒地圖	420 元	
D₁₃₅	卓越大學‧一流校長—MIT 邁向卓越的策略	320 元	D₁₈₀	正念減壓初學者手冊	300 元	
D₁₃₆	如果梵谷不憂鬱	380 元	D₁₈₁	存乎一心：東方與西方的心理學與思想	600 元	
D₁₃₇	中年學音樂	240 元	D₁₈₂	生命，才是最值得去的地方	300 元	
D₁₃₈	當綠葉緩緩落下：生死學大師的最後對話	260 元	D₁₈₃	生活，依然美好：24 個正向思考的祕訣	280 元	
D₁₃₉	當好人遇上壞事	240 元	D₁₈₄	如是 深戲：觀‧諮商‧美學	350 元	
D₁₄₀	美名之路：慕哈妲‧梅伊的故事	200 元	D₁₈₅	黑手玩家：手作與生活器物的美好交會	350 元	
D₁₄₁	話語、雙手與藥：醫者的人關懷	280 元	D₁₈₆	愛人如己：改變世界的十二堂課	300 元	
D₁₄₄	好‧心情手冊Ⅰ—情緒會傷人	280 元	D₁₈₇	正念的感官覺醒	700 元	
D₁₄₅	好‧心情手冊Ⅱ—焦慮會傷人	290 元	D₁₈₈	愛與自由：家族治療大師瑪莉亞‧葛莫利 (典藏版)	380 元	
D₁₄₆	好‧心情手冊Ⅲ—情緒治療師	280 元	D₁₈₉	癌症完全緩解的九種力量	380 元	
D₁₄₇	熟年大腦的無限潛能	250 元	D₁₉₀	說謊之徒—真實面對謊言的本質	380 元	
D₁₄₈	寬恕，我唯一能做的一種族滅絕的倖存者告白	280 元	D₁₉₁	被卡住的天才	380 元	
D₁₄₉	喪慟夢	240 元	D₁₉₂	八週正念練習 (附練習光碟)	350 元	
D₁₅₁	踏上心靈幽徑：穿越困境的靈性生活指引	400 元	D₁₉₃	我生氣，但我更爭氣！	280 元	
D₁₅₂	搶救心理創傷：從危機現場到心靈重建	250 元		人與自然系列	定價	備
D₁₅₃	愈感恩，愈富足	270 元	NB₁	傾聽自然 (二版)	200 元	
D₁₅₄	幸福的偶然	240 元	NB₂	看！岩石在說話	200 元	
D₁₅₅	關照身體，修復心靈	280 元	NB₃	共享自然的喜悅	250 元	
D₁₅₆	信念的力量	280 元	NB₄	與孩子分享自然	220 元	
D₁₅₇	活出熱情	200 元	NB₅	探索大地之心	250 元	
D₁₅₈	微笑天使向前走：逆境家庭的生命復原力	260 元	NB₇	學做自然的孩子—國家公園之父繆爾如何觀察自然	180 元	
D₁₅₉	漸漸懂了你的心	250 元	NB₁₁	女農討山誌	300 元	
D₁₆₀	不單單是爸爸：風雨中的生命書寫	380 元	NB₁₂	貂之舞—來自阿爾卑斯山一股澄澈的自然聲音	280 元	
D₁₆₁	每個人心中都有兩隻鱷魚	250 元	NB₁₃	義大利的山城歲月	280 元	
D₁₆₂	生命如此豐盛	280 元	NB₁₄	冷靜的恐懼—絕境生存策略	280 元	
D₁₆₃	心美，生活更美—現代生活新倫理	250 元	NB₁₅	我生命中的花草樹木	280 元	
D₁₆₄₋₁	真善美的追尋—李鍾桂與救國團的半世情	350 元	NB₁₆	療癒之森：進入森林療法的世界	250 元	
D₁₆₅	智慧的心—佛法的心理健康學	450 元	NB₁₇	樂活之森：森林療法的多元應用	300 元	

編號	書名	定價	備註
B18	來自天地的感動	250元	
心靈美學系列		定價	備註
Y14	疼惜自己	100元	
Y15	玩得寫意	100元	
Y16	彼此疼惜	100元	
Y17	老神在哉	100元	
Y18	和上蒼說話	100元	
Y19	心中的精靈	100元	
Y23	與人接觸	200元	
Y24	心的面貌	200元	
Y25	沈思靈想	180元	
Y26	尊重自己	180元	
Y27	寬恕樂活陶陶	100元	
Y28	簡樸活得好	100元	
Y29	善待此一身	100元	
Y30	自在女人心	100元	
Y31	接納心歡喜	100元	
Y32	喜樂好心情	100元	
Y46	祝你聖誕快樂	180元	
Y47	祝你生日快樂	150元	
Y48	祝你天天快樂	150元	
Y49	給我親愛朋友	150元	
Y50	當所愛遠逝	150元	
Y51	讓憤怒野一回	150元	
Y52	給壓力一個出口	150元	
Y53	勇敢向前行	150元	
Y54	好好過日子	150元	
Y55	活出真性情	150元	
Y56	寶貝你的學生	150元	
Y57	給工作中的你	150元	
Y58	給我親愛家人	150元	
Y59	給獨一無二的你	150元	
Y60	記得照顧自己	150元	
Y61	祝你早日康復	150元	
Y62	親親我的寶貝	150元	
Y63	親親我的媽咪	150元	
Y70	會哭的男人很可愛	150元	

編號	書名	定價	備註
Y71	跟沮喪說 bye bye	150元	
Y75	別讓自己白白受苦	150元	
Y76	平安在我心	150元	
Y77	時時心感恩	150元	
Y82	大自然療癒花園	150元	
Y83	我心深觸	150元	
Y84	人生旋律美好	150元	
Y85	相信你自己	150元	
Y86	搞定難搞的人	150元	
Y87	重塑新生命	150元	
Y88	別往壞處想	150元	
Y89	哀傷中有盼望	150元	
Y90	穿越靈性曠野	150元	
Y90	愈活愈有勁	150元	
Y90	退休樂活趣	150元	
Y90	最好的禮物	150元	
浮世繪系列		定價	備註
VW2	這人生	280元	
VW3	讓我擁抱你	180元	
VW4	彼此擁抱	180元	
VW5	象山的孩子	300元	
VW7	小柴犬和風心	250元	
VW8	小柴犬和風心2—四季的喜悅	250元	
VW9	小柴犬和風心3—日日是好日	250元	
VW10	小柴犬和風心4—又是美好的一天	280元	
VW11	萊恩的願井	280元	
VW12	小柴犬和風心5—和的學習之道	280元	
VW13	積木之家	280元	
VW14	小柴犬和風心6—種花種草的樂趣	280元	
VW15	坐輪椅也要旅行	280元	
VW16	Toza Toza 跟自己說說話	260元	
樂齡系列		定價	備註
Q1	優雅的老年—678位修女揭開大腦健康之鑰	350元	
Q2	生命週期完成式	250元	
Q3	客製化健康時代	280元	
Q4	幸福的熟年音樂養生書（附音樂光碟）	350元	

國家圖書館出版品預行編目 (CIP) 資料

圖像溝通心視界 / 汪士瑋著. -- 初版. --
臺北市：張老師文化, 2016.08
　面；　公分. --（教育輔導；131）
ISBN 978-957-693-872-6（平裝）

1. 教育輔導　2. 心理諮商　3. 圖像學

527.4　　　　　　　　　　　　　105004211

教育輔導系列 N131

圖像溝通心視界

作　　　者→汪士瑋
執行編輯→李美貞
內頁插畫→江長芳
美術設計→黃啟銘
發 行 人→李鍾桂
總 經 理→林聯章
總 編 輯→俞壽成
出 版 者→張老師文化事業股份有限公司 Living Psychology Publishers Co.
　　　　　郵撥帳號：18395080
　　　　　10647 台北市大安區羅斯福路三段 325 號地下一樓
　　　　　電話：(02)2369-7959　傳真：(02)2363-7110
　　　　　E-mail：service@lppc.com.tw
　　　　　讀者服務：23141 新北市新店區中正路 538 巷 5 號 2 樓
　　　　　電話：(02)2218-8811　傳真：(02)2218-0805
　　　　　E-mail：sales@lppc.com.tw
　　　　　網址：http://www.lppc.com.tw（讀家心聞網）

登 記 證→局版北市業字第 1514 號
初版 1 刷→2016 年 8 月

I S B N→978-957-693-872-6（平裝）
定　　價→ 280 元
法律顧問→林廷隆律師
印　　製→永光彩色印刷股份有限公司

10647 台北市大安區羅斯福路三段325號地下一樓

張老師文化公司　收

[張老師文化之友]

地址：□□□□□　市（縣）　鄉／鎮／市／區　路／街　段　巷　弄　號　樓／室

電話：(O)　(H)　傳真：

姓名：　　　　　　　　　性別：□男　□女

職業：□1.軍　□2.公　□3.教　□4.工、商　□5.服務業　□6.醫療、社工　□7.學生　□8.其他：

　　　　　　　　　　　Email（請填寫電子工業）：

1. 您所購買的書名：

2. 您從何處得知本書消息？□1.書店　□2.報紙　□3.雜誌　□4.電視　□5.廣播　□6.網站　□7.DM、海報
　□8.電子報　□9.張老師文化1告知　□10.其他：

3. 您最常使用的購書方式：□1.書店　□2.劃撥　□3.信用卡　□4.網路　□5.其他

4. 您對本書：□1.非常滿意　□2.滿意　□3.普通　□4.不滿意（原因是　　書籍代碼：
　　　　　　　　　　　　　　　　　　　　　　　　□1內容不符期待　□2.文筆不佳　□3.版面、圖
　　　　　　　　　　　　　　　　　　　　　　　　片、字體不佳　□4.其他

5. 您對本書的感想或建議：

◎ 讀家徵文：歡迎上網分享您的心得感想（或email到service@lppc.com.tw），字數不限，還有好禮相送！

【讀家心雨網】即時新訊、發燒特賣　www.lppc.com.tw

張老師文化　鮮活慧訊．悅讀種子　www.lppc.com.tw

讀者服務免付費專線0800020109
訂書專線：02-22188811